BESTACTIVITYBOOKS.COM

PRIMA EDIZIONE 2022

Illustrazione Grafica Extra: www.freepik.com
Grazie a Alekksall, Starline, Pch.vector, Rawpixel.com, Vectorpocket, Dgim-studio, Upklyak, Macrovector, Stockgiu, Pikisuperstar & Freepik.com Designers

5 CONSIGLI PER INIZIARE

1) COME RISOLVERE LE PAROLE INTRECCIATTE

I puzzle hanno un formato classico:

- Le parole sono nascoste senza spazi o trattini,...
- Orientamento: Le parole possono essere scritte in avanti, indietro, verso l'alto, verso il basso o in diagonale (possono essere invertite).
- Le parole possono sovrapporsi o intersecarsi.

2) APPRENDIMENTO ATTIVO

Accanto ad ogni parola c'è uno spazio per scrivere la traduzione. Per incoraggiare l'apprendimento attivo, un **DIZIONARIO** alla fine di questa edizione vi permetterà di controllare e ampliare le vostre conoscenze. Cerca e scrivi le traduzioni, trovale nel puzzle e aggiungile al tuo vocabolario!

3) SEGNARE LE PAROLE

Puoi inventare il tuo sistema di segni. Forse ne usi già uno? Per esempio, puoi segnare le parole difficili da trovare con una croce, le parole preferite con una stella, le parole nuove con un triangolo, le parole rare con un diamante, e così via.

4) STRUTTURARE L'APPRENDIMENTO

Questa edizione offre un **TACCUINO** alla fine del libro. In vacanza, in viaggio o a casa, puoi organizzare facilmente le tue nuove conoscenze senza bisogno di un secondo quaderno!

5) AVETE FINITO TUTTE LE GRIGLIE?

Nelle ultime pagine di questo libro, nella sezione della **SFIDA FINALE**, troverete un gioco gratuito!

Facile e veloce! Dai un'occhiata alla nostra collezione di libri di attività per il tuo prossimo momento di divertimento e **apprendimento,** a portata di clic!

Trova la tua prossima sfida su:

BestActivityBooks.com/MioProssimoLibro

Ai vostri posti, pronti...Via!

Sapevi che ci sono circa 7.000 lingue diverse nel mondo? Le parole sono preziose.

Amiamo le lingue e abbiamo lavorato duramente per creare libri di altissima qualità. I nostri ingredienti?

Una selezione di argomenti adatti all'apprendimento, tre buone porzioni di intrattenimento, una cucchiaiata di parole difficili e una spolverata di parole rare. Li serviamo con amore e entusiasmo in modo che tu possa risolvere i migliori giochi di parole e divertirti imparando!

La vostra opinione è essenziale. Puoi partecipare attivamente al successo di questo libro lasciandoci un commento. Ci piacerebbe sapere cosa ti è piaciuto di più di questa edizione.

Ecco un link veloce alla pagina dell'ordine:

BestBooksActivity.com/Recensione50

Grazie per il vostro aiuto e buon divertimento!

Tutta la squadra

1 - Scacchi

B	R	E	N	H	I	N	E	S	A	G	X	Z	X
C	E	L	R	V	R	L	Q	J	B	W	I	Z	L
X	S	Q	S	W	T	N	L	D	E	Y	O	R	H
R	M	L	G	A	S	F	K	B	R	N	U	N	T
D	A	L	T	Z	B	R	L	D	T	E	M	K	O
L	L	H	M	M	R	S	D	I	H	J	C	Ê	A
M	D	D	Y	B	E	N	Y	W	H	T	R	W	G
R	I	R	I	X	N	P	W	Y	N	T	I	A	U
H	H	D	Z	G	I	G	O	D	D	E	F	O	L
E	W	E	D	A	N	W	S	S	Q	O	L	J	J
R	H	S	O	Y	C	H	W	A	R	A	E	W	R
I	G	G	U	L	S	W	A	R	T	E	L	L	Y
A	M	H	T	E	A	G	E	T	A	R	T	S	X
U	D	V	X	B	X	U	U	H	F	N	O	I	Z

GWRTHWYNEBYDD
GWYN
LLETRAWS
CHWARAEWR
GÊM
DU
GODDEFOL
I DDYSGU
PWYNTIAU
BRENIN
BRENHINES
RHEOLAU
ABERTH
HERIAU
STRATEGAETH
AMSER

2 - Salute e Benessere #2

O	P	K	P	F	I	T	A	M	I	N	M	R	S
H	V	A	W	O	Y	F	B	I	V	A	A	C	R
E	Y	D	Y	F	E	L	C	A	U	U	E	O	H
D	A	U	S	G	L	Z	Y	C	Y	K	T	R	R
D	I	Y	A	P	E	C	Z	H	L	P	H	F	S
A	F	F	U	R	W	N	Y	N	N	I	H	F	K
I	R	K	F	T	G	X	E	D	E	I	E	T	D
L	F	C	Y	Y	A	O	W	T	G	W	A	E	D
U	Q	B	H	T	G	T	O	N	E	E	R	J	E
E	K	V	S	W	P	K	Z	J	N	G	R	R	G
R	K	B	X	D	A	C	A	L	O	R	I	Y	R
T	P	D	I	D	N	E	L	Y	H	S	W	F	E
U	Y	O	N	I	L	Y	T	N	I	A	H	G	L
Y	S	B	Y	T	Y	T	T	H	H	U	V	D	A

ALERGEDD
ARCHWAETH
CALORI
CORFF
DEIET
TREULIAD
DIFFYG
YNNI
GENETEG
HYLENDID

HAINT
CLEFYD
TYLINO
MAETH
YSBYTY
PWYSAU
GWAED
IACH
FITAMIN

3 - Aggettivi #2

E	Y	O	I	M	P	L	D	C	J	U	V	N	J
G	U	C	W	O	D	I	I	Y	Z	M	H	A	S
I	T	C	Q	A	L	P	S	F	Y	R	C	T	X
T	M	E	Y	K	J	E	G	R	L	D	L	U	O
A	B	P	S	O	V	E	R	I	D	N	A	R	V
M	R	S	Y	L	I	D	I	F	I	Q	F	I	C
A	O	F	L	X	Z	Y	F	O	D	F	C	O	A
R	S	H	E	E	J	L	I	L	D	W	M	L	I
D	H	N	M	R	U	G	A	G	O	W	N	E	N
D	C	A	Y	O	O	W	D	Q	R	J	J	Q	H
Y	Y	E	L	P	V	L	O	M	O	W	B	G	F
W	S	L	A	L	U	L	L	F	L	A	F	C	V
E	U	N	B	A	T	R	W	B	H	B	G	G	J
N	C	Y	N	H	Y	R	C	H	I	O	L	O	W

LLWGLYD
SYCH
DILYS
DISGRIFIADOL
MELYS
DRAMATIG
CAIN
ENWOG
CRYF

DIDDOROL
NATURIOL
ARFEROL
NEWYDD
FALCH
CYNHYRCHIOL
PUR
CYFRIFOL
HALLT

4 - Pesca

E	V	M	Y	J	J	V	O	W	R	R	O	T	C
S	T	I	U	S	E	P	F	V	C	K	N	U	O
B	G	C	C	A	A	E	F	K	A	B	V	O	G
O	G	I	G	M	S	C	E	B	Z	K	L	K	I
N	O	F	A	Y	X	Y	R	Q	A	J	A	J	N
I	U	H	X	N	D	Y	W	B	A	C	Y	L	I
A	J	Y	B	E	L	C	X	P	M	Z	H	L	O
D	G	Z	O	D	T	R	A	E	T	H	Q	Y	I
Q	M	R	V	D	C	E	F	N	F	O	R	G	N
B	A	S	G	E	D	C	T	Ê	W	I	Ŵ	S	T
G	W	I	F	R	E	N	W	J	I	L	D	E	Y
T	A	G	E	L	L	A	U	C	X	L	F	U	M
G	X	P	Q	F	K	G	R	L	H	Y	D	D	O
A	A	M	D	M	M	J	Z	Q	E	N	P	V	R

DŴR
OFFER
CWCH
TAGELLAU
BASGED
COGINIO
ESBONIAD
ABWYD
GWIFREN
AFON

BACHYN
LLYN
ÊN
CEFNFOR
AMYNEDD
PWYSAU
ESGYLL
TRAETH
TYMOR

5 - Ingegneria

D	X	D	H	S	T	R	W	Y	T	H	U	R	B
O	A	I	D	Y	W	O	Y	N	N	I	A	E	Z
S	N	A	D	F	L	Y	N	W	H	I	B	A	D
B	Q	M	Y	E	D	I	A	G	I	N	N	Y	C
A	D	E	W	D	J	C	F	S	L	E	H	C	E
R	I	D	R	E	D	N	F	Y	D	S	M	M	C
T	A	R	G	P	E	I	R	I	A	N	T	O	R
H	G	K	O	R	D	H	C	L	Y	C	U	D	Y
U	R	R	L	W	Z	H	O	H	E	P	A	U	F
V	A	U	D	A	L	I	E	D	A	S	F	R	D
P	M	S	Y	K	Y	G	Q	T	Q	B	E	D	E
N	C	E	F	I	H	C	C	P	K	O	J	I	R
D	I	M	E	N	S	I	Y	N	A	U	A	K	D
P	P	H	S	D	C	Y	F	R	I	F	I	A	D

ONGL
ECHEL
CYFRIFIAD
ADEILADU
DIAGRAM
DIAMEDR
DIESEL
DIMENSIYNAU
DOSBARTHU
YNNI
CRYFDER
HYLIF
PEIRIANT
MESUR
MODUR
CYNNIG
DYFNDER
CYLCHDRO
SEFYDLOGRWYDD
STRWYTHUR

6 - Archeologia

A	N	H	Y	S	B	Y	S	N	O	B	Y	Q	D
G	W	E	R	T	H	U	S	O	R	H	G	L	I
H	G	W	R	T	H	R	Y	C	H	A	U	O	S
C	Y	D	N	J	R	G	N	P	T	A	D	M	G
D	Y	N	H	Y	N	A	F	I	A	E	T	H	Y
T	N	F	A	F	F	O	S	I	L	O	B	E	N
H	U	I	N	F	E	S	G	Y	R	N	C	L	N
X	O	E	S	O	O	I	F	O	H	G	N	A	Y
Q	R	Q	V	J	D	L	U	L	O	D	Y	N	D
G	W	A	R	E	I	D	D	I	A	D	E	P	D
A	D	I	R	G	E	L	W	C	H	E	Z	M	B
Y	M	C	H	W	I	L	Y	D	D	B	N	Î	L
D	A	D	A	N	S	O	D	D	I	A	D	T	Q
A	R	B	E	N	I	G	W	R	I	A	R	C	T

DADANSODDIAD
HYNAFIAETH
HYNAFOL
GWAREIDDIAD
ANGHOFIO
DISGYNNYDD
CYFNOD
ARBENIGWR
FFOSIL
DIRGELWCH

GWRTHRYCHAU
ESGYRN
ATHRO
CRAIR
YMCHWILYDD
ANHYSBYS
TÎM
DEML
BEDD
GWERTHUSO

7 - Salute e Benessere #1

Y	U	H	T	E	A	G	Y	D	D	E	M	R	B
F	N	O	C	W	R	V	J	I	E	K	Z	E	A
C	J	K	N	C	Y	Q	U	D	J	R	F	D	C
K	R	I	Y	Y	O	L	V	Y	W	R	X	H	T
J	E	O	Y	R	V	H	L	V	I	T	S	C	E
V	F	Z	E	Y	O	E	N	E	R	F	A	U	R
N	R	G	Q	N	C	L	I	N	I	G	F	Y	I
U	A	N	O	M	R	O	H	P	W	T	L	M	A
M	E	D	D	Y	G	Y	L	W	F	H	L	L	E
C	Y	H	Y	R	A	U	G	W	P	E	Y	A	M
A	T	G	Y	R	C	H	R	S	W	R	R	C	N
N	E	W	Y	N	V	M	E	X	E	A	E	I	G
O	S	G	O	G	C	F	O	A	X	P	F	O	C
T	R	I	N	I	A	E	T	H	I	I	F	M	D

ARFER
UCHDER
BACTERIA
CLINIG
NEWYN
FFERYLLFA
TWYLL
MEDDYGAETH
MEDDYG
CYHYRAU
NERFAU
HORMONAU
ESGYRN
CROEN
OSGO
ATGYRCH
YMLACIO
THERAPI
TRINIAETH

8 - Aggettivi #1

H	N	U	A	N	E	T	T	R	W	M	U	Y	P
A	R	A	F	B	U	N	I	O	N	M	C	F	E
F	W	T	A	P	S	V	N	K	I	O	H	E	R
R	A	Z	B	W	X	O	Q	V	J	D	E	P	F
H	M	D	D	N	D	R	L	G	P	E	L	W	F
A	R	T	I	S	T	I	G	I	J	R	G	Y	A
L	C	S	I	R	O	R	X	T	W	N	E	S	I
E	N	F	A	W	R	I	H	A	W	T	I	I	T
H	A	E	L	Y	D	R	K	M	X	S	S	G	H
J	F	C	L	F	Q	C	V	O	C	E	I	Z	K
G	I	T	O	S	G	E	N	R	T	N	O	P	V
D	W	Z	H	K	F	X	F	A	A	O	L	P	X
G	W	E	R	T	H	F	A	W	R	L	V	I	P
G	W	E	I	T	H	R	E	D	O	L	N	C	M

UCHELGEISIOL
AROMATIG
ARTISTIG
ABSOLIWT
GWEITHREDOL
ENFAWR
EGSOTIG
HAEL
IFANC
MAWR
UNION
PWYSIG
ARAF
HIR
MODERN
ONEST
PERFFAITH
TRWM
GWERTHFAWR
TENAU

9 - Geologia

M	C	W	R	E	L	I	L	P	G	N	U	W	C
W	F	H	E	C	R	I	S	I	A	L	A	U	W
Y	F	A	S	P	S	S	G	W	V	I	Y	T	A
N	O	L	Y	R	Z	M	S	I	J	B	A	A	R
A	S	E	E	T	I	T	C	A	L	A	T	S	T
U	I	N	G	C	U	X	Y	R	X	F	T	K	S
O	L	D	D	Y	N	Y	F	G	S	O	L	L	D
C	A	L	S	I	W	M	A	C	D	G	G	E	A
H	A	E	N	S	V	K	N	U	A	O	H	J	T
V	M	K	I	T	F	A	D	X	F	R	T	X	S
A	S	I	D	T	D	K	I	J	A	Q	R	A	A
O	C	Q	T	G	H	L	R	M	L	H	A	E	W
D	A	E	A	R	G	R	Y	N	T	Y	P	O	G
S	T	A	L	A	G	M	I	D	A	U	E	R	X

ASID
GWASTAD
CALSIWM
OGOF
CYFANDIR
CWREL
CRISIALAU
FFOSIL
GEYSER
LAFA
MWYNAU
CARREG
CWARTS
HALEN
STALAGMIDAU
STALACTITE
HAEN
DAEARGRYN
LLOSGFYNYDD
PARTH

10 - Campeggio

T	L	U	A	C	P	K	Z	G	C	R	U	A	C
A	N	T	U	R	K	R	I	D	Z	H	R	N	W
I	A	L	E	H	H	M	Y	Ŵ	N	A	C	I	M
T	B	E	I	H	X	Y	N	F	X	F	D	F	P
Â	A	H	A	D	M	N	M	H	E	F	K	E	A
N	C	W	W	G	A	Y	K	O	A	D	K	I	W
P	M	W	L	Y	P	D	R	U	T	A	N	L	D
A	K	J	P	Z	L	D	H	Z	J	U	N	I	D
B	C	O	E	D	W	I	G	L	L	E	U	A	E
E	O	P	D	N	I	E	A	D	E	L	S	I	Z
L	M	Z	O	W	Z	C	P	T	J	L	C	D	Y
L	M	H	P	R	S	T	U	P	Z	P	J	J	E
U	A	Q	D	L	L	Y	N	C	O	E	D	O	A
F	H	T	U	H	Z	E	V	Q	A	I	V	Y	J

COED
HAMMOCK
ANIFEILIAID
ANTUR
CWMPAWD
CABAN
HELA
CANŴ
HET
RHAFF
HWYL
COEDWIG
TÂN
PRYFED
LLYN
LLEUAD
MAP
MYNYDD
NATUR
PABELL

11 - Tempo

F	H	E	Z	I	C	M	I	K	A	J	F	P	N
H	N	B	O	N	G	W	I	D	D	E	H	B	I
A	P	W	H	S	J	K	L	S	W	U	I	L	M
N	E	Y	Z	Y	O	W	D	O	X	Y	N	B	O
N	N	A	R	W	A	L	O	N	L	G	P	U	H
E	D	D	D	O	E	C	I	L	Ô	R	A	O	M
R	Y	B	N	B	C	E	R	O	B	V	B	G	R
D	D	G	E	E	B	N	Y	D	D	Y	W	L	B
Y	D	C	L	O	C	C	Q	D	Y	C	D	P	H
D	E	U	A	D	H	S	A	Y	S	G	Y	V	J
D	A	Y	C	Y	D	Z	Z	N	A	U	F	N	Y
D	Y	F	O	D	O	L	S	Y	R	L	N	H	J
D	E	G	A	W	D	O	D	L	D	I	C	Y	N
W	Y	T	H	N	O	S	M	B	S	O	F	J	X

BLWYDDYN
BLYNYDDOL
CALENDR
DEGAWD
AR ÔL
DYFODOL
DYDD
DDOE
BORE
MIS
HANNER DYDD
MUNUD
NOS
HEDDIW
AWR
CLOC
YN FUAN
CYN
CANRIF
WYTHNOS

12 - Astronomia

E	T	E	L	E	S	G	O	P	W	D	C	W	D
N	Q	D	W	A	S	Y	D	Y	B	T	W	M	B
E	K	U	D	I	O	R	E	T	S	A	M	X	B
B	W	G	I	H	M	S	E	R	Y	D	D	W	R
U	J	E	W	N	S	R	O	C	E	D	X	O	R
L	O	K	Z	C	O	A	R	S	Y	L	L	F	A
A	Y	M	V	I	C	X	O	R	S	R	G	G	F
Y	M	B	E	L	Y	D	R	E	D	D	A	O	O
D	D	A	E	A	R	A	O	S	K	N	L	F	N
A	W	Y	R	Z	P	U	E	T	X	D	A	O	H
B	L	A	N	E	D	E	T	Y	R	W	E	D	C
J	V	Y	W	C	B	L	E	C	Y	V	T	W	W
T	Z	Y	E	J	N	L	M	B	N	U	H	R	U
D	I	S	G	Y	R	C	H	I	A	N	T	I	K

ASTEROID
GOFODWR
SERYDDWR
AWYR
COSMOS
CYTSER
EQUINOX
GALAETH
DISGYRCHIANT
LLEUAD
METEOR
NEBULA
ARSYLLFA
BLANED
YMBELYDREDD
ROCED
UWCHNOFA
TELESGOP
DDAEAR
BYDYSAWD

13 - Circo

P	A	B	E	L	L	R	R	H	O	D	F	A	N
I	E	C	E	R	D	D	O	R	I	A	E	T	H
H	M	L	O	C	H	B	A	L	W	N	A	U	C
M	U	A	I	T	K	J	W	N	U	W	Z	K	M
W	S	D	F	F	T	R	I	C	Y	O	Q	R	C
N	I	X	A	F	F	N	I	C	A	L	S	G	A
C	W	R	G	Y	H	A	Z	R	H	C	L	I	N
I	G	Z	P	J	I	D	N	Y	C	O	T	E	I
X	L	Y	Q	A	R	E	Z	T	G	Y	A	T	W
E	W	A	N	I	F	E	I	L	I	A	I	D	E
D	R	W	I	L	Y	W	G	Q	X	K	Z	G	D
Y	S	B	L	E	N	N	Y	D	D	D	P	H	J
Z	F	J	O	L	C	A	N	D	Y	N	N	N	F
X	C	N	I	V	X	A	C	R	O	B	A	T	B

ACROBAT
ANIFEILIAID
TOCYN
CANDY
CLOWN
ELIFFANT
SIWGLWR
LLEW
HUD
DEWIN

CERDDORIAETH
BALWNAU
RHODFA
MWNCI
YSBLENNYDD
GWYLIWR
PABELL
TEIGR
TRIC

14 - Algebra

Q	Y	M	I	V	I	Q	Y	Z	G	W	C	D	A
T	T	D	A	I	L	A	F	A	H	Y	A	I	T
C	B	N	W	I	S	C	A	R	F	F	S	X	E
S	M	D	F	U	N	B	R	O	B	L	E	M	B
D	W	B	F	I	S	T	O	R	U	O	D	A	S
U	T	M	U	G	N	K	T	E	K	N	I	N	Y
O	W	Y	G	I	U	C	C	S	A	I	A	F	M
O	F	R	N	S	F	F	A	R	G	L	G	E	L
Q	S	M	J	N	T	A	F	N	O	L	R	I	E
U	L	M	A	W	U	F	F	I	H	R	A	D	I
P	A	R	E	N	T	H	E	S	I	S	M	R	D
M	A	T	R	I	C	S	O	S	N	W	D	O	D
N	E	W	I	D	Y	N	L	G	K	C	D	L	I
M	S	I	F	F	O	R	M	I	W	L	A	F	O

DIAGRAM
HAFALIAD
FFUG
FFACTOR
FFORMIWLA
FFRACSIWN
GRAFF
ANFEIDROL
LLINOL
MATRICS
RHIF
PARENTHESIS
BROBLEM
MAINT
SYMLEIDDIO
ATEB
SWM
TYNNU
NEWIDYN
SERO

15 - Mitologia

U	L	A	B	Y	R	I	N	T	H	G	R	A	C
C	D	H	U	D	O	L	C	L	Z	O	H	N	R
X	E	I	O	W	D	U	Z	L	D	J	Y	F	E
A	W	V	U	L	U	I	D	E	A	W	F	A	D
Y	H	L	L	O	W	R	A	M	A	I	E	R	O
Q	C	B	E	N	I	H	C	Y	R	T	L	W	A
M	N	C	A	X	A	B	K	U	Y	X	W	O	U
B	E	F	R	R	U	D	A	E	R	C	R	L	D
L	G	D	S	E	W	I	Q	I	F	H	O	D	I
K	I	B	D	G	U	R	Y	Z	H	A	X	E	A
O	F	N	V	W	C	R	Y	F	D	E	R	B	L
B	N	F	U	W	L	I	F	N	E	H	G	N	A
H	E	D	I	W	Y	L	L	I	A	N	T	X	K
G	C	S	X	C	Y	M	D	D	Y	G	I	A	D

YMDDYGIAD
CREADUR
CREU
CREDOAU
DIWYLLIANT
TRYCHINEB
DUWIAU
ARWR
CRYFDER
MELLT
CENFIGEN
RHYFELWR
ANFARWOLDEB
LABYRINTH
CHWEDL
HUDOL
MARWOL
ANGHENFIL
MEDDWL
DIAL

16 - Piante

B	S	A	G	C	A	C	T	U	S	N	G	L	L
C	L	U	W	W	T	B	D	E	B	Z	W	L	L
C	O	O	E	E	R	J	Q	Z	A	V	R	Y	Y
O	R	E	D	E	G	T	Y	G	M	Y	A	S	S
E	T	G	D	Y	F	L	A	S	B	A	I	I	T
D	Y	X	I	W	N	T	L	I	Ŵ	B	D	E	Y
A	F	J	E	U	I	S	H	M	T	N	D	U	F
B	U	W	S	M	G	G	T	Y	R	H	D	E	I
K	H	D	R	W	G	B	W	A	F	H	R	G	A
S	J	Q	X	S	F	L	O	R	A	R	A	S	N
S	U	J	S	O	O	T	D	F	F	A	G	Y	T
B	C	O	D	G	V	P	E	T	A	L	I	A	D
W	V	A	T	L	L	E	W	S	A	L	G	N	A
F	T	J	M	I	L	L	W	Y	N	O	R	E	A

COED
AERON
BAMBŴ
LLYSIEUEG
CACTUS
LLWYN
TYFU
EIDDEW
GLASWELLT
FFA

GWRTAITH
BLODYN
FLORA
DAIL
COEDWIG
GARDD
MWSOGL
PETAL
GWRAIDD
LLYSTYFIANT

17 - Spezie

L	W	Y	F	A	G	Z	E	A	C	E	P	I	E
S	I	N	S	I	R	A	H	A	X	Q	U	K	V
F	N	J	S	A	J	P	R	A	H	I	P	J	B
F	S	A	F	F	R	W	M	L	L	V	U	N	T
E	I	C	Z	X	V	V	K	S	L	E	R	Y	Y
N	H	M	A	N	I	S	E	S	H	E	N	T	R
I	P	X	O	Q	F	A	B	Y	I	C	G	M	M
G	L	P	Y	M	I	F	O	L	Z	I	F	E	E
L	C	O	R	I	A	N	D	E	R	R	P	G	R
U	N	I	O	N	T	D	F	M	D	O	H	Y	I
P	A	P	R	I	K	A	R	S	T	C	I	E	G
S	I	N	A	M	O	N	G	A	I	I	R	Y	C
C	W	M	I	N	R	I	R	Z	C	L	Y	N	B
F	A	N	I	L	A	C	H	W	E	R	W	Z	E

GARLLEG
CHWERW
ANISE
SINAMON
CARDAMOM
UNION
CORIANDER
CWMIN
TYRMERIG
CYRI
MELYS
FFENIGL
LICORICE
NYTMEG
PAPRIKA
PUPUR
HALEN
FANILA
SAFFRWM
SINSIR

18 - Numeri

T	O	H	D	D	I	L	M	O	M	P	U	D	V
O	R	A	W	D	E	P	X	Z	A	Y	G	E	J
Q	E	I	U	X	J	U	O	D	T	M	A	G	P
P	S	R	A	I	S	Z	N	Q	H	T	I	E	S
F	X	T	D	R	Z	Q	W	A	V	H	N	H	U
P	U	M	P	Z	D	R	H	W	W	E	I	T	G
V	K	N	J	Z	K	D	C	J	A	G	R	M	Z
D	A	J	K	B	P	E	E	B	N	U	N	Y	D
C	E	R	V	L	V	F	W	G	N	U	K	B	J
O	A	U	V	N	P	P	H	T	Y	W	J	R	P
C	W	Q	D	H	C	W	C	M	Y	R	Z	A	W
G	D	J	X	D	N	Q	Q	I	U	V	R	N	G
D	W	Z	H	W	E	V	S	A	I	T	H	U	U
T	T	K	G	L	O	G	E	D	N	P	F	R	Q

PUMP
DEGOL
DEUNAW
DEG
DEUDDEG
DAU
MATH
NAW
WYTH
PEDWAR
PYMTHEG
UN AR BYMTHEG
CHWECH
SAITH
TRI
TRI AR DDEG
UN
UGAIN
SERO

19 - Cioccolato

Q	A	I	B	U	M	C	R	Y	Z	S	C	C	L
K	O	K	Y	A	R	Y	Y	D	Q	I	A	R	E
G	T	K	Q	Ï	D	N	S	N	V	W	C	E	S
C	H	W	E	R	W	H	Á	A	O	G	A	F	M
R	N	P	F	O	O	W	I	C	L	R	O	F	F
H	O	F	F	L	P	Y	T	B	V	B	C	T	R
N	C	C	N	A	C	S	I	N	L	Z	U	W	D
R	O	Q	P	G	A	I	L	F	G	A	X	Y	D
V	C	T	Q	I	R	O	T	M	O	K	S	R	W
U	U	E	X	T	A	N	M	T	R	X	M	U	A
N	A	C	N	O	M	Y	T	E	A	Z	V	Z	S
U	N	G	Y	S	E	B	O	C	L	E	F	F	N
V	C	R	Z	G	L	E	O	R	L	Y	J	Y	A
W	I	K	T	E	Q	D	Q	N	V	L	S	V	K

CHWERW
AROGL
CREFFTWYR
CACAO
GALORÏAU
CANDY
CARAMEL
BLASUS
MELYS
EGSOTIG
BLAS
CYNHWYSION
CNAU COCO
POWDR
HOFF
ANSAWDD
RYSÁIT
SIWGR

20 - Guida

T	A	N	W	Y	D	D	W	U	Z	W	M	N	D
D	T	C	S	W	V	J	I	K	L	X	M	B	H
P	A	M	U	N	I	E	O	K	X	D	O	Z	D
R	J	M	B	A	F	R	S	Q	L	U	D	V	C
U	S	V	W	Q	Z	A	Z	F	N	Q	U	E	R
D	P	L	C	A	U	G	I	F	F	A	R	T	H
O	R	T	N	A	I	D	U	L	C	S	Z	S	T
M	E	B	W	S	R	N	N	K	R	S	N	P	G
C	E	R	D	D	W	Y	R	R	A	E	Z	T	S
I	T	R	W	Y	D	D	E	D	G	B	G	W	N
E	F	F	O	R	D	D	M	X	Z	R	O	N	U
B	D	I	O	G	E	L	W	C	H	G	W	N	M
B	R	E	C	I	A	U	H	L	G	Y	R	E	P
J	R	C	Y	F	L	Y	M	D	E	R	L	L	K

CAR
BWS
TANWYDD
BRECIAU
GAREJ
NWY
DAMWAIN
TRWYDDED
MAP
BEIC MODUR
MODUR
CERDDWYR
PERYGL
HEDDLU
DIOGELWCH
FFORDD
TRAFFIG
CLUDIANT
TWNNEL
CYFLYMDER

21 - I Media

R	A	D	I	O	N	U	P	X	H	X	U	Y	V
H	L	F	Z	D	Y	B	D	M	T	N	N	N	R
L	Y	L	G	V	I	M	G	J	I	T	I	J	N
L	C	S	U	D	A	I	F	F	A	R	G	R	A
E	D	Y	B	N	R	A	B	U	W	A	O	D	C
O	I	A	L	Y	I	R	P	A	D	R	L	E	Y
L	W	D	T	L	S	A	C	I	Y	L	O	A	F
V	Y	D	E	P	I	E	U	H	W	E	D	L	A
K	D	Y	L	Y	P	D	B	T	H	I	I	L	T
V	I	S	E	L	A	Z	L	I	R	N	G	U	H
F	A	G	D	D	T	B	S	E	O	D	I	S	R
B	N	D	U	O	K	R	E	F	A	N	D	O	E
A	T	A	P	U	P	M	Z	F	T	E	A	L	B
C	Y	H	O	E	D	D	U	S	E	V	N	F	U

CYFATHREBU
DIGIDOL
ARGRAFFIAD
ADDYSG
FFEITHIAU
CYLLID
LLUNIAU
UNIGOL
DIWYDIANT

DEALLUSOL
LLEOL
AR-LEIN
BARN
HYSBYSEBION
CYHOEDDUS
RADIO
RHWYDWAITH
TELEDU

22 - Forza e Gravità

E	Z	X	N	N	A	A	I	D	W	S	F	R	E
F	F	D	U	Y	L	T	M	V	A	I	K	S	H
F	D	P	O	S	P	L	X	S	Z	H	D	C	F
A	Y	R	G	P	O	Q	A	X	E	G	P	K	F
I	A	G	E	T	E	N	G	A	M	R	A	Q	R
T	L	E	H	C	E	D	Y	N	A	M	I	G	I
H	T	S	P	L	A	N	E	D	A	U	O	Z	T
D	A	I	D	D	Y	F	N	A	G	R	A	D	H
E	P	F	B	C	Y	N	N	I	G	E	H	Z	I
I	W	F	Z	R	S	W	C	Y	D	T	M	L	A
D	Y	C	A	N	O	L	Z	D	J	L	P	S	N
D	S	M	E	C	A	N	E	G	J	L	H	X	T
O	A	H	I	Y	L	M	W	T	N	E	M	O	M
D	U	G	N	A	H	E	C	J	W	P	S	M	L

ECHEL
FFRITHIANT
CANOL
DYNAMIG
PELLTER
EHANGU
FFISEG
EFFAITH
MAGNETEG

MECANEG
CYNNIG
ORBIT
PLANEDAU
PWYSAU
EIDDO
DARGANFYDDIAD
MOMENTWM
AMSER

23 - Sport

L	O	N	C	I	A	N	B	D	I	Y	U	G	M
K	M	V	J	Y	M	D	D	Y	H	C	E	I	A
E	F	A	O	W	X	U	Y	G	F	D	D	N	B
Q	F	J	I	O	T	A	B	N	Y	A	E	Z	O
C	R	Y	F	D	E	R	N	W	R	W	C	J	L
B	O	X	O	E	I	Y	O	C	H	N	D	E	G
E	C	A	N	K	E	H	D	H	A	S	G	S	A
I	V	N	I	X	D	Y	H	D	G	I	A	G	M
C	T	Z	I	G	Y	C	D	E	L	O	L	Y	P
I	Z	G	I	L	O	B	A	T	E	M	L	R	W
O	W	R	H	F	X	R	I	G	N	K	U	N	R
H	Y	F	F	O	R	D	D	W	R	L	O	T	Z
Z	W	W	E	R	H	E	A	M	A	E	T	H	A
L	W	N	E	U	D	Y	G	O	R	A	U	G	H

HYFFORDDWR
MABOLGAMPWR
GALLU
BEICIO
CORFF
DAWNSIO
DEIET
CRYFDER
LONCIAN
WNEUD Y GORAU
METABOLIG
CYHYRAU
I NOFIO
MAETH
NOD
ESGYRN
RHAGLEN
DYGNWCH
IECHYD

24 - Caffè

L	U	L	C	D	J	A	V	V	H	X	S	S	X
G	L	Z	H	I	X	S	A	L	B	I	J	O	W
O	A	A	H	O	N	I	E	F	F	A	C	K	A
R	M	T	E	D	I	D	B	D	G	L	A	I	F
A	A	U	R	T	S	I	K	B	M	M	E	G	P
O	L	G	O	V	H	G	S	J	Z	B	Z	P	M
K	A	N	B	Y	N	H	H	T	S	O	H	R	D
B	F	V	M	V	O	X	U	E	W	A	Y	I	C
D	F	D	O	W	N	S	F	F	R	W	L	S	W
M	U	T	L	X	T	I	Y	Y	E	W	I	O	P
T	A	R	D	D	I	A	D	R	W	N	F	N	A
P	G	Ŵ	I	Z	V	A	F	H	H	Q	F	G	N
T	P	D	H	S	I	W	G	R	C	B	H	J	I
S	N	P	A	M	R	Y	W	I	A	E	T	H	D

ASIDIG
DŴR
CHWERW
AROGL
RHOST
DIOD
CAFFEIN
HUFEN
HIDLO
BLAS

LLAETH
HYLIF
MALU
BORE
DU
TARDDIAD
PRIS
CWPAN
AMRYWIAETH
SIWGR

25 - Uccelli

C	E	Y	V	N	A	P	O	Y	T	V	C	H	F
P	O	S	M	G	U	W	A	M	X	Q	Y	W	F
E	E	L	T	E	I	L	K	R	R	C	W	Y	L
L	B	E	O	R	Y	Ë	R	C	O	W	I	A	A
I	D	Y	Z	M	Y	K	U	D	V	T	Â	D	M
C	B	B	A	N	E	S	I	X	G	P	R	E	I
A	D	E	S	B	Y	N	A	L	Y	W	G	N	N
N	E	G	E	Q	V	U	N	I	Y	R	A	A	G
I	R	I	R	Z	A	A	E	O	M	H	D	C	O
S	Y	V	H	E	Z	P	M	O	D	U	E	W	G
D	R	B	F	A	I	N	O	C	I	C	R	T	O
P	E	N	G	W	I	N	L	I	Z	R	Y	I	G
B	M	H	E	V	O	W	O	H	N	V	N	B	T
W	G	Ŵ	Y	D	D	H	C	R	A	L	A	K	N

CRËYR
HWYADEN
ERYR
CICONIA
ALARCH
COLOMEN
GOG
FFLAMINGO
GWYLAN
GŴYDD
PAROT
ADERYN
PAUN
PELICAN
COLOMENNOD
PENGWIN
CYW IÂR
ESTRYS
TWCAN
WY

26 - Giorni e Mesi

D	D	V	N	E	X	E	M	W	Z	L	S	I	A
D	Y	Y	Y	D	H	F	I	D	M	F	A	O	W
Y	C	D	D	J	H	G	S	Y	D	E	Z	M	S
D	A	D	D	D	K	B	H	D	Y	R	D	Y	T
D	L	E	Y	L	S	T	S	D	D	D	C	I	E
S	E	W	W	L	L	U	O	M	D	Y	H	R	B
A	N	H	L	Q	F	U	L	A	M	H	W	H	R
D	D	C	B	J	A	V	N	W	E	K	E	A	I
W	R	A	S	G	Q	Q	I	R	R	X	F	G	L
R	C	T	B	G	L	C	F	T	C	T	R	F	L
N	Z	Z	P	Y	M	V	E	H	H	R	O	Y	S
W	Y	T	H	N	O	S	H	I	E	B	R	R	K
B	O	O	P	U	R	N	E	X	R	A	W	H	P
I	O	N	A	W	R	K	M	O	I	L	H	C	B

AWST
BLWYDDYN
EBRILL
CALENDR
RHAGFYR
DYDD SUL
CHWEFROR
IONAWR
MEHEFIN
DYDD LLUN
DYDD MAWRTH
DYDD MERCHER
MIS
TACHWEDD
HYDREF
DYDD SADWRN
MEDI
WYTHNOS

27 - Casa

K	G	Z	Q	H	L	L	Y	T	U	R	O	O	P
D	A	U	N	L	X	D	S	G	Y	U	N	W	U
S	R	O	V	N	F	C	T	F	O	G	D	L	L
E	D	M	N	D	W	T	A	P	J	I	S	D	O
L	D	P	B	Y	W	N	F	A	M	T	Q	F	S
A	L	A	C	A	C	T	E	C	U	A	F	R	S
W	F	A	E	E	N	A	L	L	L	E	T	Â	N
N	Q	K	W	O	G	A	L	G	A	R	E	J	E
E	H	C	Y	R	D	I	D	L	A	M	P	W	F
N	G	D	R	K	O	M	N	L	E	X	C	R	F
F	K	P	B	P	W	F	F	E	N	E	S	T	R
W	A	P	Z	F	A	U	Z	H	G	J	W	B	W
D	T	U	A	W	C	A	X	S	X	H	R	T	O
L	L	Y	F	R	G	E	L	L	D	D	D	D	L

ATIG
LLYFRGELL
YSTAFELL
LLE TÂN
CEGIN
CAWOD
FFENESTR
GAREJ
GARDD
LAMP

WAL
LLAWR
DRWS
FFENS
FAUCET
BANADL
NENFWD
DRYCH
RUG
TO

28 - Ristorante #1

A	O	D	C	N	Y	C	P	A	N	T	N	C	H
L	V	L	Y	L	L	F	I	F	F	O	C	Y	X
E	C	C	N	W	C	F	P	G	K	P	K	W	H
R	E	S	H	O	B	Z	L	K	A	I	R	I	K
G	G	A	W	B	S	Q	Â	V	M	H	L	Â	Y
E	I	W	Y	U	A	B	T	A	S	N	O	R	X
D	N	S	S	O	Y	N	E	L	S	I	W	E	D
D	S	U	I	T	Y	Q	S	I	G	A	Z	R	G
V	N	Q	O	N	Z	S	W	Z	S	L	C	Q	S
O	O	B	N	B	A	R	A	V	G	L	Z	U	A
G	W	E	I	N	Y	D	D	E	S	A	Y	I	R
J	W	W	D	C	Y	L	L	E	L	L	C	D	I
K	D	P	W	K	S	J	X	K	P	C	A	X	A
U	V	R	P	K	D	P	D	K	G	P	J	Y	N

ALERGEDD
COFFI
GWEINYDDES
CIG
ARIAN
BWYD
BOWL
CYLLELL
CEGIN
PWDIN
CYNHWYSION
DEWISLEN
BARA
PLÂT
SBEISLYD
CYW IÂR
LLAIN
SAWS
NAPCYN

29 - Fantascienza

C	L	M	X	X	T	P	O	D	E	N	A	L	B
P	O	L	L	Y	F	R	A	U	I	Q	H	B	J
R	F	T	Â	N	A	X	J	M	R	R	N	K	F
R	A	G	I	T	S	I	L	A	E	R	G	Z	Y
F	H	D	Y	S	T	O	P	I	A	N	L	E	Q
F	T	I	X	P	O	R	A	C	L	E	I	P	L
R	I	C	T	K	F	Y	R	I	J	I	Z	S	G
W	E	Y	O	H	O	C	C	N	Z	W	D	A	W
Y	D	Y	F	O	D	O	L	A	I	D	D	T	Y
D	R	O	B	O	T	I	A	I	D	V	D	O	C
R	P	D	T	E	C	H	N	O	L	E	G	M	H
A	D	Y	C	H	M	Y	G	O	L	C	I	I	U
D	C	I	C	U	T	O	P	I	A	E	W	G	W
V	L	G	A	L	A	E	T	H	B	Y	D	G	H

ATOMIG
SINEMA
DYSTOPIA
FFRWYDRAD
EITHAFOL
GWYCH
TÂN
DYFODOLAIDD
GALAETH
RHITH
DYCHMYGOL
LLYFRAU
DIRGEL
BYD
ORACLE
BLANED
REALISTIG
ROBOTIAID
TECHNOLEG
UTOPIA

30 - Città

P	L	Z	S	W	C	E	B	N	G	C	N	Z	G
R	L	G	I	N	I	L	C	O	R	I	E	L	W
I	Y	L	O	G	S	Y	U	D	Q	N	P	U	E
F	F	E	P	F	F	E	R	Y	L	L	F	A	S
Y	R	Z	L	L	F	U	T	R	K	F	A	D	T
S	G	S	Y	R	Y	W	A	S	E	A	M	O	Y
G	E	O	F	C	A	M	E	N	I	S	X	L	S
O	L	L	R	D	A	N	H	C	R	A	F	F	G
L	L	G	A	S	Y	O	T	O	W	J	R	P	C
P	U	Z	U	S	W	P	T	P	Y	H	P	O	B
B	Z	M	W	I	D	A	T	S	D	T	A	I	X
M	A	B	A	O	H	U	A	T	H	E	H	S	Z
F	Z	N	I	P	A	M	G	U	E	D	D	F	A
V	N	T	C	N	Z	K	V	S	T	Y	F	Z	C

MAES AWYR
BANC
LLYFRGELL
SINEMA
CLINIG
FFERYLLFA
SIOP FLODAU
ORIEL
GWESTY
SIOP LYFRAU
FARCHNAD
AMGUEDDFA
SIOP
BECWS
YSGOL
STADIWM
THEATR
PRIFYSGOL
SW

31 - Fattoria #1

K	J	R	E	X	J	B	W	G	G	Z	O	T	K
L	L	O	P	Q	D	R	Â	I	W	Y	C	D	F
B	U	W	C	H	Q	Ŵ	I	M	R	I	T	C	V
G	W	E	N	Y	N	D	D	X	T	F	V	I	B
Z	K	U	H	J	X	T	W	U	A	D	A	H	K
J	A	Z	A	E	O	R	D	R	I	A	W	G	S
G	O	W	W	S	E	A	M	E	T	N	H	K	T
H	R	L	Ê	M	Y	Z	V	I	H	T	A	C	J
F	C	E	W	V	O	N	K	S	N	E	F	F	L
X	G	K	V	X	K	C	K	W	S	L	E	K	H
N	R	I	Z	O	R	O	H	B	G	P	F	H	W
D	D	I	A	D	E	L	L	Y	F	F	E	C	Z
D	Q	X	W	P	L	K	M	G	N	X	W	A	Q
D	Q	Q	B	T	W	B	R	R	D	I	S	P	H

DŴR
GWENYN
ASYN
MAES
CI
GAFR
CEFFYL
GWRTAITH
GWAIR
CATH
DDIADELL
MOCHYN
MÊL
BUWCH
CYW IÂR
FFENS
REIS
HADAU
TIR
LLO

32 - Psicologia

A	Y	S	G	X	C	X	J	Z	E	Y	R	T	M
S	M	E	Y	M	E	L	B	O	R	B	X	H	P
E	D	L	G	N	O	K	I	T	I	L	A	E	R
S	D	F	K	O	I	F	H	N	J	T	L	R	Q
I	Y	C	S	L	O	A	Y	J	I	I	O	A	J
A	G	V	V	N	V	G	D	F	Q	G	D	P	Y
D	I	J	T	T	Y	B	F	A	Z	S	O	I	E
U	A	D	A	I	F	O	R	P	U	K	B	L	T
L	D	M	E	D	D	Y	L	I	A	U	Y	F	E
I	Y	P	S	O	R	A	D	H	T	R	W	G	I
D	Y	L	A	N	W	A	D	A	U	F	M	W	M
C	A	N	F	Y	D	D	I	A	D	M	Y	L	L
P	L	E	N	T	Y	N	D	O	D	S	N	A	A
E	M	O	S	I	Y	N	A	U	F	T	A	R	D

CLINIGOL
YMDDYGIAD
GWRTHDARO
EGO
EMOSIYNAU
PROFIADAU
SYNIADAU
ANYMWYBODOL
PLENTYNDOD
DYLANWADAU
MEDDYLIAU
CANFYDDIAD
BROBLEM
REALITI
TEIMLAD
THERAPI
ASESIAD

33 - Paesaggi

L	L	O	S	G	F	Y	N	Y	D	D	Q	R	R
J	T	J	R	R	R	D	A	E	A	H	R	P	H
X	A	H	R	S	W	D	K	Y	O	C	M	E	E
S	U	A	G	R	N	Y	L	L	N	X	Y	N	W
N	D	A	H	T	Z	N	O	G	O	F	N	R	L
Z	B	R	N	Y	N	Y	S	V	S	J	Y	H	I
P	K	D	O	I	Z	M	B	R	Y	N	D	Y	F
G	H	N	F	G	A	V	N	G	U	P	D	N	S
I	H	U	A	X	E	L	E	L	N	V	I	S	V
D	T	T	H	M	O	Y	W	E	F	F	Â	W	E
W	E	R	D	D	O	N	S	C	J	G	D	C	D
G	A	I	I	M	B	C	I	E	H	O	N	U	V
O	R	O	F	N	F	E	C	J	R	R	Ô	M	L
C	T	M	D	Y	F	F	R	Y	N	S	E	B	R

RHAEADR
BRYN
ANIALWCH
AFON
GEYSER
RHEWLIF
OGOF
MYNYDD IÂ
YNYS
LLYN
MÔR
MYNYDD
WERDDON
CEFNFOR
GORS
PENRHYN
TRAETH
TUNDRA
DYFFRYN
LLOSGFYNYDD

34 - Energia

A	D	Q	D	D	E	H	C	L	Y	G	M	A	Q
F	K	Y	D	I	L	E	N	T	R	O	P	I	T
N	H	W	E	N	E	G	O	R	D	Y	H	M	I
I	G	D	R	D	C	I	D	E	O	F	N	B	N
W	W	A	G	N	T	G	W	R	E	S	T	U	X
C	Y	D	Y	O	R	G	T	R	Y	D	A	N	D
L	N	D	L	N	O	S	S	S	V	N	E	I	I
E	T	Y	L	B	N	F	F	O	T	O	N	B	W
A	M	W	U	W	A	D	L	L	C	B	I	R	Y
R	R	E	O	W	T	T	N	I	H	R	L	Y	D
U	B	N	I	S	F	D	R	Z	D	A	O	T	I
D	B	D	I	E	S	E	L	I	N	C	S	Y	A
O	W	A	A	G	E	R	P	V	E	M	A	H	N
M	T	A	N	W	Y	D	D	Q	Q	X	G	M	T

AMGYLCHEDD
BATRI
GASOLINE
GWRES
CARBON
TANWYDD
DIESEL
TRYDAN
ELECTRON
ENTROPI
FFOTON
HYDROGEN
DIWYDIANT
LLYGREDD
MODUR
NIWCLEAR
ADNEWYDDADWY
TYRBIN
AGER
GWYNT

35 - Moda

C	Y	M	E	D	R	O	L	M	Y	S	U	Y	O
M	W	R	T	A	P	B	T	B	P	A	M	B	C
Y	E	T	T	T	G	L	A	C	E	W	O	S	A
M	B	S	C	Y	F	F	O	R	D	D	U	S	I
A	O	I	U	D	I	L	L	A	D	P	U	A	N
R	U	M	U	R	A	M	U	V	C	Y	E	R	F
F	T	R	H	D	I	M	O	D	E	R	N	C	D
E	I	B	N	N	F	A	I	E	L	L	C	T	P
R	Q	C	O	L	O	I	D	D	I	E	R	W	G
O	U	Q	Q	T	H	T	I	A	W	D	O	R	B
L	E	A	H	L	Y	Q	L	L	U	D	D	R	A
R	R	S	L	I	M	M	W	X	R	G	T	T	I
H	A	R	I	Z	C	D	A	E	W	G	V	X	O
T	U	E	D	D	S	L	T	U	T	L	H	C	B

DILLAD
BOUTIQUE
DRUD
CYFFORDDUS
CAIN
LLEIAF
MESURIADAU
PATRWM
MODERN
CYMEDROL
GWREIDDIOL
LACE
YMARFEROL
BOTYMAU
BRODWAITH
SYML
ARDDULL
TUEDD
GWEAD

36 - L'Azienda

U	C	T	U	E	D	D	I	A	D	A	U	E	C
N	R	B	U	D	D	S	O	D	D	I	A	D	Y
E	E	C	A	D	N	O	D	D	A	U	T	D	F
D	A	Y	F	M	G	N	A	E	D	Y	B	Y	L
A	D	N	D	I	W	Y	D	I	A	N	T	N	O
U	I	N	D	L	D	I	W	A	I	C	K	N	G
A	G	Y	W	J	Q	S	N	W	S	Z	J	Y	A
R	O	R	A	F	A	D	E	E	K	Y	E	C	E
L	L	C	S	U	A	G	O	L	F	Y	C	N	T
O	N	H	N	E	W	X	V	Z	W	E	E	F	H
E	H	L	A	R	I	S	G	I	A	U	R	G	T
S	T	P	O	S	I	B	I	L	R	W	Y	D	D
O	P	E	N	D	E	R	F	Y	N	I	A	D	X
L	O	N	Y	I	S	E	F	F	O	R	P	R	E

CREADIGOL
PENDERFYNIAD
BYD-EANG
DIWYDIANT
ARLOESOL
BUDDSODDIAD
CYFLOGAETH
POSIBILRWYDD
CYNNYRCH
PROFFESIYNOL
CYNNYDD
ANSAWDD
REFENIW
ENW DA
RISGIAU
ADNODDAU
CYFLOGAU
TUEDDIADAU
UNEDAU

37 - Giardino

P	J	S	J	C	H	A	M	M	O	C	K	L	G
B	I	S	Y	H	P	G	Z	N	Z	G	Z	G	A
L	D	D	Y	W	N	I	W	I	S	M	L	A	R
L	L	U	J	Y	S	P	P	R	I	D	D	R	E
E	J	W	T	N	W	A	L	S	Y	E	D	D	J
B	A	W	Y	J	Y	C	R	N	O	O	E	D	T
I	Y	C	C	N	I	A	M	E	U	C	T	B	R
P	W	E	Q	G	U	H	E	F	T	P	N	L	A
M	K	W	Y	T	M	R	I	F	B	W	Y	O	M
G	L	A	S	W	E	L	L	T	G	L	C	D	P
D	F	H	P	C	B	N	Q	H	L	L	C	Y	O
T	P	R	H	A	W	A	V	B	R	M	S	N	L
U	K	A	J	F	R	G	F	M	M	M	Y	A	Î
M	G	U	X	C	P	V	X	Y	D	F	U	E	N

COED
HAMMOCK
LLWYN
GLASWELLT
CHWYN
BLODYN
GAREJ
GARDD
RHAW
MAINC
CYNTEDD
LAWNT
RHACA
FFENS
PWLL
PRIDD
TERAS
TRAMPOLÎN
PIBELL
WINWYDD

38 - Frutta

D	A	L	A	F	A	K	Q	W	M	M	G	T	Z
G	Y	A	X	D	F	K	X	H	C	A	E	P	A
R	D	Y	G	J	M	I	G	G	W	F	D	M	E
C	I	W	I	D	D	Y	G	G	T	O	W	T	S
Y	B	R	I	C	Y	L	L	O	G	N	A	M	K
E	N	I	R	A	T	C	E	N	O	R	E	A	U
Z	I	Q	Q	O	D	A	C	O	F	A	G	N	Q
R	X	R	W	Y	R	R	E	B	K	C	A	L	B
K	S	O	I	R	I	E	C	B	A	N	A	N	A
C	D	E	W	N	R	L	N	P	X	Q	I	V	H
C	E	U	P	O	L	E	M	O	N	V	A	H	N
R	O	G	Y	L	L	E	G	C	K	Y	P	B	L
H	I	M	Y	E	A	N	I	W	N	W	A	R	G
Q	C	C	A	M	K	G	D	Z	J	N	P	C	M

BRICYLL
OREN
AFOCADO
AERON
BANANA
CEIRIOS
FFIG
CIWI
MAFON
LEMON
MANGO
AFAL
MELON
BLACKBERRY
NECTARINE
PAPAIA
GELLYG
PEACH
EIRIN
GRAWNWIN

39 - Fattoria #2

F	H	H	N	U	C	Q	C	Y	L	I	V	F	H
I	F	T	P	H	T	I	N	E	W	G	Q	R	W
B	O	E	A	I	T	P	M	E	A	M	A	L	Y
W	N	A	R	F	N	Y	R	K	E	O	L	Ô	A
Y	N	L	O	M	C	E	W	D	D	S	M	D	D
D	B	L	B	D	W	G	N	R	D	J	W	C	E
S	G	Y	U	Y	B	R	Q	O	F	O	Z	E	N
D	J	J	G	F	U	J	C	T	E	F	Z	C	A
D	L	S	S	R	G	W	U	C	D	W	C	O	L
I	I	Z	Y	H	A	H	Z	A	X	Z	I	R	L
A	X	A	N	A	I	K	A	R	Q	T	G	N	R
H	W	A	F	U	L	W	S	T	W	A	O	I	E
A	N	I	F	E	I	L	I	A	I	D	E	E	B
H	Q	G	W	Y	D	D	A	U	V	D	N	Q	B

CIG OEN
FFERMWR
HWYADEN
ANIFEILIAID
BWYD
YSGUBOR
FFRWYTH
BERLLAN
GWENITH
DYFRHAU
LAMA
LLAETH
CORN
AEDDFED
GWYDDAU
HAIDD
BUGAIL
DEFAID
DÔL
TRACTOR

40 - Verdure

S	O	F	R	B	M	Y	C	W	I	C	Y	P	Z
C	E	C	A	Q	M	S	D	M	A	I	P	W	C
R	C	R	D	A	L	A	S	Y	P	R	A	M	X
G	B	L	I	M	J	T	A	J	O	E	V	P	O
R	J	H	S	A	O	G	O	X	I	L	I	E	Y
D	Z	N	H	P	I	R	E	M	W	E	L	N	I
B	T	R	D	F	K	G	O	O	A	S	O	R	J
H	S	W	D	P	L	L	O	N	O	T	C	B	S
V	X	S	Y	L	G	O	G	I	B	S	O	X	I
F	F	S	W	T	A	T	R	D	S	M	R	S	N
J	I	S	E	P	E	R	S	L	I	I	B	N	S
T	N	A	L	P	G	G	E	I	J	N	T	Y	I
U	N	I	O	N	M	A	D	A	R	C	H	R	R
G	A	R	L	L	E	G	Q	M	P	S	Y	X	A

GARLLEG
BROCOLI
ARTISIOG
MORON
CIWCYMBR
UNION
MADARCH
SALAD
EGGPLANT
OLEWYDD
TATWS
PYS
TOMATO
PERSLI
MAIP
RADISH
SELERI
SBIGOGLYS
SINSIR
PWMPEN

41 - Musica

B	O	J	A	K	R	W	N	A	C	C	M	T	W
A	B	A	L	E	D	H	V	U	W	O	E	E	S
T	I	H	A	C	F	W	Y	T	L	R	I	L	O
C	L	A	S	U	R	O	L	T	S	W	C	Y	P
H	A	R	M	O	N	I	G	S	H	S	R	N	E
I	N	O	M	R	A	H	S	D	X	M	O	E	R
O	R	D	R	H	Y	T	H	M	I	G	F	G	A
U	I	D	O	N	F	O	C	P	V	M	F	O	M
M	Y	R	C	Q	L	O	F	R	H	T	O	L	B
A	P	E	A	Z	J	Y	F	F	C	F	N	H	A
T	L	C	N	K	J	H	C	S	E	D	F	Y	H
Q	N	B	U	L	O	N	O	D	D	R	A	B	A
U	F	X	W	A	L	A	O	B	Y	Q	Y	Q	A
X	G	O	O	M	Y	L	J	R	T	B	Y	N	L

ALBWM
HARMONI
HARMONIG
BALED
CANWR
CANU
CLASUROL
CORWS
TELYNEGOL
ALAW
MEICROFFON
CERDDOR
OPERA
BARDDONOL
COFNODI
RHYTHMIG
RHYTHM
OFFERYN

42 - Barbecue

V	E	F	H	D	V	S	N	G	B	O	G	H	G
F	P	K	A	A	L	L	Y	L	L	Y	C	T	R
R	U	E	F	O	C	V	W	R	G	E	B	E	I
L	L	Y	S	I	A	U	E	C	T	G	C	A	L
H	Z	J	I	N	H	M	N	I	G	H	P	I	M
Q	K	Y	S	Y	F	R	F	N	S	G	I	R	D
F	F	R	W	Y	T	H	H	I	X	E	F	O	D
N	O	U	A	M	B	T	C	O	L	M	G	D	N
A	I	A	S	W	W	E	P	Y	W	A	I	D	E
T	E	U	L	U	Y	O	G	U	W	U	I	R	L
U	W	X	G	P	D	P	T	P	P	I	M	E	A
G	W	A	H	O	D	D	I	A	D	U	Â	C	H
P	O	A	J	S	A	L	A	D	A	U	R	R	O
C	B	Y	X	O	O	N	T	O	M	A	T	O	S

POETH
CINIO
BWYD
SYRTHION
CYLLYLL
HAF
NEWYN
TEULU
FFRWYTH
GEMAU

GRIL
SALADAU
GWAHODDIAD
CERDDORIAETH
PUPUR
CYW IÂR
TOMATOS
HALEN
SAWS
LLYSIAU

43 - Fisica

C	Y	F	L	Y	M	I	A	D	E	D	G	N	P
C	R	W	V	D	Z	W	A	C	L	I	R	I	E
Y	C	E	N	W	K	B	N	E	E	S	O	W	I
F	U	H	S	Y	A	G	H	M	C	G	N	C	R
F	E	A	R	S	H	T	R	E	T	Y	Y	L	I
R	A	N	V	E	Y	O	E	G	R	R	N	E	A
E	L	G	N	D	D	O	F	O	O	C	N	A	N
D	W	U	G	D	Q	L	N	L	N	H	A	R	T
I	I	X	E	C	D	S	M	E	O	I	U	C	G
N	M	Y	N	A	T	O	M	A	O	A	Q	L	I
O	R	M	A	G	N	E	T	E	G	N	Z	Z	N
L	O	I	C	A	L	M	Y	H	W	T	A	A	K
X	F	Z	E	N	M	O	L	E	C	I	W	L	D
E	F	J	M	C	Y	F	L	Y	M	D	E	R	E

CYFLYMIAD
ATOM
ANHREFN
CEMEGOL
DWYSEDD
ELECTRON
EHANGU
FFORMIWLA
AMLDER
NWY
DISGYRCHIANT
MAGNETEG
MECANEG
MOLECIWL
PEIRIANT
NIWCLEAR
GRONYNNAU
YMLACIO
CYFFREDINOL
CYFLYMDER

44 - Erboristeria

T	C	O	J	V	Z	J	B	Q	P	A	O	S	C
A	M	A	R	J	O	R	A	M	E	R	R	A	T
R	C	O	G	I	N	I	O	P	R	O	E	F	K
A	X	H	M	L	I	S	A	B	S	M	G	F	D
G	D	D	R	A	G	U	D	Q	L	A	A	R	I
O	M	I	F	F	M	I	E	T	I	T	N	W	L
N	W	L	P	A	E	M	N	G	K	I	O	M	E
X	R	J	J	N	B	M	N	E	P	G	K	M	L
N	Y	D	H	T	A	B	L	M	F	O	B	D	S
T	P	D	G	A	R	L	L	E	G	F	L	L	N
P	P	R	A	M	S	O	H	R	S	J	O	D	Y
A	H	Y	J	Y	K	J	O	N	J	Q	D	Z	E
D	D	W	A	S	N	A	O	K	K	C	Y	R	E
C	I	G	F	N	O	I	S	Y	W	H	N	Y	C

GARLLEG
DIL
AROMATIG
BASIL
COGINIO
TARAGON
FFENIGL
BLODYN
GARDD
CYNHWYSION
LAFANT
MARJORAM
BATHDY
OREGANO
PERSLI
ANSAWDD
RHOSMAR
TEIM
GWYRDD
SAFFRWM

45 - Danza

Y	D	P	T	C	O	R	O	F	I	Q	F	H	L
M	I	W	R	X	S	C	E	L	F	B	I	T	O
A	W	F	A	W	G	K	Q	T	E	L	I	E	N
R	Y	X	D	J	O	X	B	I	L	K	F	A	N
F	L	G	D	E	M	O	S	I	W	N	F	I	A
E	L	L	O	P	N	E	I	D	I	O	A	R	I
R	I	R	D	L	A	C	L	A	S	U	R	O	L
Y	A	H	I	C	L	R	G	M	Y	R	G	D	L
U	N	Y	A	O	S	A	T	R	R	F	O	D	Y
P	T	T	D	R	M	B	W	N	A	N	E	R	W
B	H	H	O	F	I	X	R	E	E	S	R	E	I
T	N	M	L	F	X	G	R	V	N	R	O	C	D
S	Y	M	U	D	I	A	D	V	T	F	C	O	J
P	T	A	P	I	S	A	C	A	D	E	M	I	T

ACADEMI
CELF
CLASUROL
PARTNER
COREOGRAFFI
CORFF
DIWYLLIANT
DIWYLLIANNOL
EMOSIWN
LLAWEN
GRAS
SYMUDIAD
CERDDORIAETH
OSGO
YMARFER
RHYTHM
NEIDIO
TRADDODIADOL

46 - Attività Commerciale

J	M	O	S	G	Y	R	F	A	T	B	O	C	W
S	I	O	P	W	T	S	C	K	R	U	K	Y	D
G	N	E	E	E	Y	O	Q	T	A	D	Q	F	K
E	M	G	N	L	D	D	U	O	F	D	T	L	J
M	W	C	N	I	Y	K	D	P	O	S	S	O	C
O	C	T	R	E	T	H	I	F	D	O	N	G	C
N	V	F	C	Y	L	L	I	D	A	D	W	W	Y
O	M	R	F	A	R	I	A	N	B	D	Y	R	F
C	E	L	W	A	U	E	K	M	C	I	D	W	L
E	O	B	U	H	T	R	E	W	G	A	D	M	O
K	C	S	Z	R	P	R	S	R	U	D	A	D	G
D	X	C	T	H	W	V	I	J	A	V	U	N	A
D	I	S	G	O	W	N	T	T	M	K	I	F	I
Q	J	C	Y	L	L	I	D	E	B	H	W	Z	S

CYLLIDEB
GYRFA
COST
CYFLOGWR
CYFLOGAI
ECONOMEG
FFATRI
CYLLID
BUDDSODDIAD
NWYDDAU
SIOP
ELW
INCWM
DISGOWNT
CWMNI
ARIAN
TRETHI
TRAFOD
SWYDDFA
GWERTHU

47 - Filantropia

G	C	M	N	I	Z	W	V	N	C	W	O	P	C
O	N	E	S	U	L	E	A	R	Z	R	L	O	Y
N	G	A	N	H	A	E	L	I	O	N	I	B	S
E	R	J	E	H	X	U	P	P	D	Z	A	L	Y
S	W	T	G	D	A	S	V	L	H	S	T	D	L
T	P	P	N	Y	Y	D	E	A	A	E	D	J	L
R	I	E	A	Z	I	B	A	I	V	N	I	C	T
W	A	C	B	U	A	I	R	E	H	A	T	Y	I
Y	U	A	D	O	N	J	M	E	T	H	C	M	A
D	D	Y	E	F	N	O	R	C	W	H	N	U	D
D	I	L	L	Y	C	N	G	W	D	B	E	N	A
Z	B	R	H	A	G	L	E	N	N	I	U	E	U
D	Y	N	O	L	I	A	E	T	H	L	E	D	X
C	Y	H	O	E	D	D	U	S	D	F	I	A	L

PLANT
ANGEN
ELUSEN
CYMUNED
CYSYLLTIADAU
CYLLID
CRONFEYDD
HAELIONI
IEUENCTID
BYD-EANG
GRWPIAU
CENHADAETH
NODAU
GONESTRWYDD
POBL
RHAGLENNI
CYHOEDDUS
HERIAU
HANES
DYNOLIAETH

48 - Ecologia

W	A	R	O	L	F	L	J	H	C	Z	N	D	F
R	E	D	H	T	E	A	I	W	Y	R	M	A	F
A	E	F	N	L	R	D	J	O	M	A	E	J	A
M	A	F	B	O	H	B	P	R	U	I	E	Y	W
K	U	K	M	D	D	W	A	S	N	I	H	W	N
E	N	P	O	N	C	D	C	U	E	W	Y	D	A
B	Y	D	E	A	N	G	A	S	D	P	T	A	W
S	Y	C	H	D	E	R	S	U	A	G	O	I	J
N	I	O	U	Q	J	L	T	V	U	T	J	L	G
T	A	R	H	Y	W	O	G	A	E	T	H	A	U
G	Y	T	C	G	O	R	O	E	S	I	P	N	J
H	O	T	U	G	U	O	N	L	Z	R	H	Y	I
Y	M	U	O	R	J	M	E	Y	V	L	O	C	T
Z	R	B	C	Y	N	E	F	I	N	F	O	G	C

HINSAWDD
CYMUNEDAU
AMRYWIAETH
FFAWNA
FLORA
BYD-EANG
CYNEFIN
MOROL
NATUR
GORS
ADNODDAU
SYCHDER
GOROESI
CYNALIADWY
RHYWOGAETHAU

49 - Discipline Scientifiche

B	D	S	M	C	M	N	I	W	R	O	L	E	G
I	A	E	E	Y	W	M	N	O	E	G	E	M	E
O	E	R	C	M	Y	W	P	G	T	N	A	A	L
C	A	Y	A	D	N	C	D	G	D	A	R	E	O
E	R	D	N	E	G	G	G	E	M	E	C	T	I
M	E	D	E	I	L	E	E	P	E	Q	H	H	S
E	G	I	G	T	A	M	L	Z	O	F	A	Q	I
G	U	A	J	H	W	O	O	O	E	S	E	E	F
W	V	E	K	A	D	T	R	F	I	Z	O	C	F
O	M	T	V	S	D	A	O	L	Z	B	L	O	Q
R	X	H	A	E	D	N	E	G	T	W	E	L	U
H	M	J	J	G	P	A	T	N	O	X	G	E	Z
I	M	I	W	N	O	L	E	G	V	X	W	G	H
J	P	G	B	T	N	P	M	Q	Q	G	J	R	Z

ANATOMEG
ARCHAEOLEG
SERYDDIAETH
BIOCEMEG
BIOLEG
CEMEG
ECOLEG
FFISIOLEG
DAEAREG
IMIWNOLEG
MECANEG
METEOROLEG
MWYNGLAWDD
NIWROLEG
MAETH
CYMDEITHASEG

50 - Scienza

T	Q	R	L	O	G	E	M	E	C	B	H	P	F
L	Y	H	W	E	R	U	T	A	N	L	I	L	F
U	D	U	S	T	F	G	D	C	E	J	N	A	I
A	R	B	R	A	W	F	A	A	G	A	S	N	S
L	O	E	X	U	F	R	Q	N	T	M	A	H	E
W	B	J	Y	A	W	F	J	X	E	A	W	I	G
I	A	S	Q	N	X	C	O	M	Q	B	D	G	K
C	L	Z	J	N	N	W	F	S	S	T	D	I	F
E	S	B	L	Y	G	I	A	D	I	L	A	O	F
L	K	O	A	N	V	P	R	S	Y	L	T	N	A
O	A	B	N	O	M	W	Y	N	A	U	O	M	I
M	O	Y	R	R	Y	D	S	D	H	D	M	B	T
N	B	K	N	G	Q	U	I	V	Y	T	F	L	H
D	D	A	M	C	A	N	I	A	E	T	H	I	J

ATOM
CEMEGOL
HINSAWDD
DATA
ARBRAWF
ESBLYGIAD
FFAITH
FFISEG
FFOSIL
DDAMCANIAETH
LABORDY
DULL
MWYNAU
MOLECIWLAU
NATUR
ORGANEB
GRONYNNAU
PLANHIGION

51 - Imbarcazioni

I	N	C	F	P	N	Q	P	W	B	W	C	C	R
U	F	X	A	O	T	R	R	A	F	O	N	W	C
A	R	Z	Y	I	N	N	Y	M	Z	T	T	C	T
T	N	N	W	L	A	V	N	Y	L	L	F	H	O
S	S	B	M	Y	I	C	U	L	L	W	F	H	N
V	R	C	H	W	R	Q	C	A	N	Ŵ	E	W	N
B	I	J	Y	H	I	U	Y	P	Q	S	R	Y	A
U	W	L	L	Q	E	L	P	E	B	Z	I	L	U
V	L	F	V	I	P	W	Y	O	P	H	U	I	A
S	W	R	W	R	O	M	P	M	I	W	H	O	Z
F	C	E	F	N	F	O	R	Ô	M	C	C	Y	Q
G	R	O	G	N	A	R	H	A	F	F	R	F	M
M	O	R	W	R	O	L	J	U	R	S	K	I	F
M	A	D	H	I	B	D	L	H	P	V	F	B	W

MWYAF
ANGOR
CWCH HWYLIO
PRYNU
CANŴ
RHAFF
CRIW
AFON
CAIAC
LLYN

MÔR
LLANW
MORWR
PEIRIANT
MORWROL
CEFNFOR
TONNAU
FFERI
HWYLIO
LLU

52 - Chimica

E	L	T	N	O	H	E	O	K	N	E	V	J	P
L	C	Y	I	C	H	A	N	R	V	J	L	Q	W
E	A	M	W	S	C	D	L	S	G	X	G	X	Y
C	T	H	C	I	K	O	W	E	Y	A	L	O	S
T	A	E	L	G	L	Z	I	W	N	M	N	F	A
R	L	R	E	E	E	Q	C	I	O	O	O	I	U
O	Y	E	A	N	S	V	E	Q	B	Z	I	L	G
N	D	D	R	E	X	U	L	P	R	W	D	Y	I
G	D	D	R	G	N	E	O	N	A	O	I	H	M
W	B	E	I	O	R	C	M	Z	C	D	K	Q	O
R	Y	N	I	R	O	L	C	Q	G	Q	C	Q	T
E	A	S	I	D	D	I	A	Ï	L	A	C	L	A
S	M	D	X	Y	W	N	A	K	V	E	C	Z	K
U	Q	O	M	H	H	F	X	V	D	H	V	Z	C

ASID
ALCALÏAIDD
ATOMIG
GWRES
CARBON
CATALYDD
CLORIN
ELECTRON
ENSYM
NWY
HYDROGEN
ION
HYLIF
MOLECIWL
NIWCLEAR
ORGANIG
OCSIGEN
PWYSAU
HALEN
TYMHEREDD

53 - Api

I	K	F	X	E	G	I	P	E	N	E	C	P	K
N	I	F	E	N	Y	C	R	C	M	W	G	L	U
D	Z	F	E	D	T	I	Y	O	Q	M	L	A	Y
U	Q	R	Y	Y	X	Y	F	S	M	C	E	N	B
R	O	W	M	V	K	T	E	Y	B	W	X	H	R
D	D	Y	N	E	D	A	D	S	U	Y	Z	I	E
J	M	T	Y	T	D	U	P	T	D	R	C	G	N
T	F	H	D	Y	R	W	L	E	D	W	N	I	H
C	Y	J	O	U	A	C	P	M	I	A	Q	O	I
P	W	Y	L	O	G	T	B	E	O	G	H	N	N
M	A	C	B	T	E	D	D	E	L	U	A	H	E
Ê	Z	I	H	T	E	A	I	W	Y	R	M	A	S
L	C	A	L	B	L	O	D	A	U	H	R	D	X
O	I	N	K	L	B	W	Y	D	H	G	Q	V	C

ADENYDD
CWCH
BUDDIOL
CWYR
BWYD
AMRYWIAETH
ECOSYSTEM
BLODAU
BLODYN
FFRWYTH
MWG
GARDD
CYNEFIN
PRYFED
MÊL
PLANHIGION
PAILL
BRENHINES
HAID
HAUL

54 - Professioni #2

K	R	W	R	U	D	A	I	D	D	Y	W	E	N
F	F	E	R	M	W	R	Z	E	G	M	O	W	F
P	E	I	N	T	I	W	R	I	W	I	Z	A	D
D	B	J	F	N	M	D	W	N	A	I	V	E	W
D	I	B	O	Y	O	D	D	T	A	T	X	P	N
Y	G	T	N	C	G	R	O	Y	T	O	H	B	F
G	R	T	E	C	C	A	F	D	H	L	K	R	Y
E	E	U	H	C	Z	G	O	D	R	I	G	K	O
L	V	F	J	L	T	X	G	A	O	E	L	J	X
O	E	A	U	X	X	I	D	Z	N	P	G	C	L
I	A	F	T	U	S	T	F	G	Y	D	D	E	M
B	I	E	I	T	H	Y	D	D	D	G	A	U	G
L	D	D	Y	N	U	L	R	A	D	F	P	Y	X
F	F	O	T	O	G	R	A	F	F	Y	D	D	K

FFERMWR
GOFODWR
BIOLEGYDD
DEINTYDD
DITECTIF
ATHRONYDD
FFOTOGRAFFYDD
GARDDWR
NEWYDDIADURWR
DARLUNYDD
ATHRO
IEITHYDD
MEDDYG
PEILOT
PEINTIWR

55 - Letteratura

N	C	B	Y	W	G	R	A	F	F	I	A	D	Y
D	A	D	A	N	S	O	D	D	I	A	D	Y	I
B	T	A	J	H	B	D	O	G	O	V	F	J	O
A	R	W	H	T	E	A	I	R	A	H	M	Y	C
R	O	D	G	E	B	A	R	D	D	O	N	O	L
N	S	U	E	A	R	K	G	I	D	K	G	D	E
C	I	R	N	I	H	C	I	C	D	R	S	R	F
H	A	Q	R	B	Y	G	O	L	A	I	E	D	O
W	D	U	E	E	T	U	N	K	C	P	L	C	N
E	X	S	A	T	H	C	A	S	G	L	I	A	D
D	Q	I	D	A	M	E	H	T	O	D	L	J	Z
L	D	A	I	F	I	R	G	S	I	D	S	T	S
I	H	I	I	Y	A	R	D	D	U	L	L	Q	B
K	S	M	T	C	D	R	Y	C	H	I	N	E	B

DADANSODDIAD
CYFATEBIAETH
CHWEDL
AWDUR
BYWGRAFFIAD
CASGLIAD
CYMHARIAETH
DISGRIFIAD
DEIALOG
GENRE
TROSIAD
BARN
CERDD
BARDDONOL
ODL
RHYTHM
NOFEL
ARDDULL
THEMA
DRYCHINEB

56 - Cibo #2

S	O	I	R	I	E	C	I	B	O	P	S	G	J
B	E	E	Q	Q	E	K	K	U	D	A	F	A	L
I	A	L	Z	Z	N	G	C	Y	W	I	Â	R	T
A	U	N	E	H	I	J	G	W	V	F	K	C	O
L	F	J	A	R	M	Y	Z	P	Q	K	Z	G	M
Y	E	T	M	N	I	W	I	C	L	J	R	A	A
I	U	B	B	M	A	G	N	Y	F	A	Q	E	T
H	C	R	A	D	A	M	E	U	V	X	N	U	O
T	P	O	R	H	A	M	R	E	I	S	X	T	C
I	I	C	A	L	N	A	K	S	J	X	L	R	A
N	D	O	G	S	Y	P	T	J	F	F	W	W	W
E	E	L	S	I	O	C	L	E	D	D	K	G	S
W	O	I	G	R	A	W	N	W	I	N	J	O	Y
G	G	K	X	W	V	I	L	K	T	J	I	I	Y

BANANA
BROCOLI
CEIRIOS
SIOCLED
CAWS
MADARCH
GWENITH
CIWI
AFAL
EGGPLANT
BARA
PYSGOD
CYW IÂR
TOMATO
HAM
REIS
SELERI
WY
GRAWNWIN
IOGWRT

57 - Nutrizione

Z	C	I	P	R	O	T	E	I	N	A	U	V	C
T	W	H	E	F	W	R	G	G	Z	N	M	Z	A
E	P	L	W	C	Y	W	D	A	T	Y	W	B	R
I	A	C	H	E	H	D	Q	L	E	W	O	A	B
E	W	V	H	X	R	Y	C	O	P	N	U	R	O
D	M	A	E	T	H	W	D	R	L	E	C	C	H
P	W	Y	S	A	U	C	O	Ï	E	W	O	H	Y
H	S	W	A	S	N	F	Y	A	S	G	K	W	D
S	Y	S	I	E	B	S	M	U	U	E	M	A	R
J	W	L	D	U	A	N	S	A	W	D	D	E	A
P	B	C	I	F	I	T	A	M	I	N	T	T	D
X	T	V	O	F	M	P	N	Q	Q	C	R	H	A
N	Y	S	U	D	A	I	L	U	E	R	T	U	U
I	C	M	V	L	M	U	S	J	Y	P	U	W	G

CHWERW
ARCHWAETH
CYTBWYS
GALORÏAU
CARBOHYDRADAU
BWYTADWY
DEIET
TREULIAD
EPLESU
HYLIFAU
MAETH
PWYSAU
PROTEINAU
ANSAWDD
SAWS
IECHYD
IACH
SBEISYS
GWENWYN
FITAMIN

58 - Matematica

F	P	P	Z	N	W	I	S	C	A	R	F	F	C
P	G	C	O	R	A	A	O	L	F	H	A	T	Y
C	E	L	M	W	S	X	N	C	C	I	R	R	L
T	R	T	A	M	W	V	G	V	O	F	C	I	C
D	T	C	R	M	I	D	L	P	D	Y	Y	O	H
T	E	Y	G	Y	D	A	A	D	E	D	F	N	E
N	M	F	O	F	A	I	U	I	G	D	O	G	D
A	O	R	L	H	R	L	K	A	O	E	C	L	D
M	E	O	E	D	Â	A	W	M	L	G	H	P	C
F	G	L	L	Z	W	F	V	E	O	B	R	U	Q
E	A	M	A	L	G	A	V	D	T	G	O	I	R
S	G	N	R	I	S	H	C	R	T	R	G	U	G
U	S	Y	A	C	Y	M	E	S	U	R	E	D	D
R	B	M	P	N	P	G	P	O	L	Y	G	O	N

ONGLAU
RHIFYDDEG
CYLCHEDD
DEGOL
DIAMEDR
HAFALIAD
FFRACSIWN
GEOMETREG
CYFOCHROG
PARALELOGRAM
AMFESUR
POLYGON
SGWÂR
RADIWS
PETRYAL
CYMESUREDD
SWM
TRIONGL
CYFROL

59 - Meditazione

S	N	A	N	O	N	E	U	L	W	D	D	E	M
D	Y	Z	C	S	A	W	G	W	T	D	A	F	Y
I	B	M	U	G	T	T	F	L	E	Y	W	K	H
O	R	S	U	O	U	E	H	Y	U	W	E	M	T
L	E	A	A	D	R	C	Y	S	L	R	L	I	E
C	D	F	N	T	I	Y	E	Q	D	S	D	J	A
H	F	B	Y	A	O	A	S	E	A	U	J	E	I
G	E	W	I	K	B	S	D	D	N	P	Y	Z	R
A	N	Y	S	H	I	U	T	J	A	A	U	A	O
R	C	N	O	Z	P	M	U	U	G	H	J	E	D
W	Y	T	M	L	S	I	R	I	R	K	P	S	D
C	A	O	E	W	O	D	P	Y	A	I	O	Z	R
H	L	V	S	J	M	H	E	D	D	W	C	H	E
M	C	A	R	E	D	I	G	R	W	Y	D	D	C

DERBYN
SYLW
DAWEL
EGLURDER
TOSTURI
EMOSIYNAU
HAPUSRWYDD
CAREDIGRWYDD
DIOLCHGARWCH
MEDDWL
SYMUDIAD
CERDDORIAETH
NATUR
HEDDWCH
OSGO
SAFBWYNT
ANADLU

60 - Elettricità

W	Y	P	Y	Z	B	T	E	L	E	D	U	Q	Z
P	C	G	W	K	W	N	E	G	Y	D	D	O	L
E	F	W	J	M	L	Q	P	D	X	S	S	P	L
G	E	Z	C	J	B	K	F	E	H	U	K	Z	O
G	G	W	R	T	H	R	Y	C	H	A	U	T	F
B	E	T	G	U	P	M	X	O	R	W	Z	R	F
T	S	N	E	G	P	B	R	S	W	E	Q	Y	E
R	T	I	E	D	N	P	N	O	P	P	S	D	R
Y	O	A	A	R	Y	B	A	T	R	I	K	A	X
D	R	M	C	U	A	R	F	I	W	G	C	N	L
A	I	Q	L	N	L	D	F	F	Ô	N	E	W	X
N	O	R	A	A	N	R	U	K	Z	W	B	R	T
V	D	Y	N	L	M	D	D	R	O	Y	L	I	M
Z	C	Z	H	A	W	P	M	A	G	N	E	T	B

OFFER
BATRI
CEBL
STORIO
TRYDANWR
TRYDAN
GWIFRAU
GENERADUR
LAMP
BWLB
LASER
MAGNET
NEGYDDOL
GWRTHRYCHAU
SOCED
MAINT
FFÔN
TELEDU

61 - Antiquariato

D	P	K	C	D	C	W	B	D	A	A	J	A	C
O	Q	M	Y	I	A	O	U	A	D	R	O	N	E
D	O	T	F	L	N	R	D	R	D	W	U	S	R
R	V	G	L	Y	R	I	D	N	U	E	C	A	F
E	R	D	W	S	I	E	S	A	R	R	U	W	L
F	R	E	R	I	F	L	O	U	N	T	L	D	U
N	G	G	E	R	L	G	D	A	O	H	O	D	N
V	K	A	F	P	E	W	D	R	L	I	R	L	N
Q	W	W	D	H	C	E	I	I	L	A	E	U	Y
N	G	D	A	C	T	R	A	A	U	N	F	Y	Q
W	W	A	H	K	V	T	D	N	D	T	R	K	H
A	W	U	O	E	V	H	L	M	D	C	A	I	N
Q	W	K	Y	G	N	U	P	X	R	A	N	Z	W
Z	Q	X	R	S	J	N	H	G	A	H	A	H	V

CELF
ARWERTHIANT
DILYS
CYFLWR
DEGAWDAU
ADDURNOL
CAIN
ORIEL
ANARFEROL
BUDDSODDIAD
DODREFN
DARNAU ARIAN
PRIS
ANSAWDD
ADFER
CERFLUN
CANRIF
ARDDULL
GWERTH
HEN

62 - Fotografia

P	O	R	T	R	E	A	D	A	C	F	M	C	G
G	O	L	E	U	A	D	A	U	Y	F	E	A	A
C	Y	S	G	O	D	I	O	N	F	O	D	M	I
G	W	R	T	H	R	Y	C	H	A	R	D	E	Y
S	A	F	B	W	Y	N	T	N	N	M	A	R	J
G	W	E	L	E	D	O	L	R	S	A	L	A	F
N	W	H	M	Y	F	O	G	I	O	T	U	L	K
J	F	G	L	V	Z	E	Q	U	D	A	E	W	G
T	Y	W	Y	L	L	W	C	H	D	N	Q	X	J
F	G	W	W	A	P	C	L	Y	I	B	A	I	P
F	V	L	V	F	R	P	P	C	A	L	L	I	W
R	G	P	E	Z	P	W	V	Q	D	I	C	F	E
Â	O	Q	D	A	I	N	I	F	F	I	D	Q	I
M	T	C	D	D	Z	C	M	P	G	E	N	L	R

MEDDALU
TYWYLLWCH
LLIW
CYFANSODDIAD
FFRÂM
DIFFINIAD
FFORMAT
GOLEUADAU
DU
GWRTHRYCH
CYSGODION
SAFBWYNT
PORTREAD
PWNC
CAMERA
GWEAD
GWELEDOL

63 - Escursionismo

A	I	S	P	G	G	P	D	E	A	A	G	G	E
N	O	T	F	M	W	H	A	K	X	T	S	T	S
I	D	D	Y	W	Y	T	I	R	U	T	A	N	G
F	N	E	H	R	L	U	O	N	C	X	T	D	I
E	Y	U	Y	T	L	L	S	U	S	I	V	G	D
I	W	E	I	O	T	A	R	A	P	A	A	H	I
L	G	D	Y	G	I	R	R	E	C	H	W	U	A
I	O	U	A	I	W	A	L	L	N	A	C	D	U
A	L	O	Q	D	D	Y	N	Y	M	U	Y	R	D
I	C	Y	F	E	I	R	I	A	D	L	I	Y	J
D	S	K	T	N	O	L	G	Y	R	E	P	A	M
G	J	F	X	I	G	W	E	R	S	Y	L	L	A
W	G	Q	U	L	Y	L	M	Ŵ	F	O	B	P	Q
K	L	W	N	F	W	S	M	D	L	C	F	Q	X

DŴR
ANIFEILIAID
GWERSYLLA
HINSAWDD
CANLLAWIAU
MAP
TYWYDD
MYNYDD
NATUR
CYFEIRIAD
PARCIAU
PERYGLON
TRWM
CERRIG
PARATOI
CLOGWYN
GWYLLT
HAUL
FLINEDIG
ESGIDIAU

64 - Professioni #1

F	G	E	M	Y	D	D	B	B	P	H	R	E	L
S	F	G	O	L	Y	G	Y	D	D	Y	Q	W	L
E	G	E	W	C	Q	I	K	H	R	F	K	O	Y
I	W	D	R	Z	D	Y	D	E	W	F	F	U	S
C	Y	U	W	Y	X	H	M	L	I	O	G	J	G
O	D	B	G	A	L	Y	I	W	S	R	Y	N	E
L	D	O	E	C	R	L	J	Y	N	D	B	S	N
E	O	B	R	T	E	T	Y	R	W	D	A	E	N
G	N	J	A	Q	N	R	I	D	A	W	N	R	A
Y	Y	P	E	B	T	A	D	S	D	R	C	Y	D
D	D	L	A	E	K	U	G	D	T	X	I	D	I
D	D	D	D	Y	N	A	I	P	O	X	W	D	M
P	L	Y	M	W	R	Q	P	I	U	R	R	W	O
C	Y	F	R	E	I	T	H	I	W	R	I	R	J

HYFFORDDWR
LLYSGENNAD
ARTIST
SERYDDWR
CYFREITHIWR
DAWNSIWR
BANCIWR
HELWYR
GOLYGYDD

FFERYLLYDD
DAEAREGWR
GEMYDD
PLYMWR
NYRS
CERDDOR
PIANYDD
SEICOLEGYDD
GWYDDONYDD

65 - Antartide

D	A	I	T	H	N	O	Â	I	U	T	O	P	D
D	A	E	A	R	Y	D	D	I	A	E	T	H	D
E	I	G	U	Ŵ	H	U	U	H	N	W	L	D	Y
O	K	D	D	D	R	M	W	Y	Y	Q	P	O	L
S	W	F	I	R	N	D	Y	Y	W	E	D	L	I
Y	Q	T	M	T	E	D	N	K	M	F	H	I	W
N	H	D	I	F	P	L	N	A	Z	D	T	F	H
Y	E	U	G	Z	N	G	O	I	G	I	E	R	C
A	M	G	Y	L	C	H	E	D	D	M	A	O	M
T	Y	M	H	E	R	E	D	D	U	L	R	M	Y
B	H	B	L	L	O	N	O	D	D	Y	W	G	X
X	A	R	H	E	W	L	I	F	O	E	D	D	R
R	G	E	C	Y	F	A	N	D	I	R	A	O	X
C	Y	M	Y	L	A	U	Y	P	K	I	C	H	L

DŴR
AMGYLCHEDD
BAE
MORFILOD
CADWRAETH
CYFANDIR
DAEARYDDIAETH
RHEWLIFOEDD
IÂ
YNYSOEDD
MUDO
MWYNAU
CYMYLAU
PENRHYN
YMCHWILYDD
CREIGIOG
GWYDDONOL
DAITH
TYMHEREDD

66 - Libri

H	Q	P	G	L	L	E	N	Y	D	D	O	L	D
F	A	S	E	R	F	Y	C	M	D	K	Z	S	O
W	Y	N	I	R	O	T	S	R	I	G	V	Y	N
G	I	P	E	I	T	Q	S	U	E	S	Q	N	I
I	S	D	M	S	E	H	T	T	C	R	K	X	O
S	N	A	E	I	Y	A	N	N	G	W	A	J	L
A	V	C	O	R	U	D	W	A	Q	D	W	T	Q
R	K	G	X	O	I	D	D	O	S	D	D	U	B
T	J	X	U	A	P	H	S	O	L	O	O	W	L
N	O	F	E	L	T	Y	E	F	L	R	L	Y	I
G	K	P	S	K	N	U	T	S	E	D	D	Y	C
J	Y	D	D	Y	N	E	L	L	R	A	D	U	O
Y	S	G	R	I	F	E	N	E	D	I	G	G	F
T	M	O	T	U	D	A	L	E	N	W	S	Q	Z

AWDUR
ANTUR
CYD-DESTUN
EPIG
BUDDSODDI
LLENYDDOL
DARLLENYDD
ADRODDWR
TUDALEN

PERTHNASOL
NOFEL
YSGRIFENEDIG
CYFRES
STORI
HANESYDDOL
TRASIG
DONIOL

67 - Geografia

S	A	L	T	A	M	A	B	A	D	A	B	R	E
N	M	F	F	T	I	R	I	O	G	A	E	T	H
H	Y	B	O	P	T	I	R	S	E	Q	B	C	M
E	N	Y	G	N	J	D	K	S	N	U	K	W	E
M	Y	G	G	G	I	N	N	E	P	N	Q	N	R
I	D	M	O	M	B	D	A	L	W	G	D	K	I
S	D	A	G	V	Ô	E	U	C	H	D	E	R	D
F	Y	P	L	H	T	R	A	B	N	A	H	R	I
F	B	D	E	R	I	D	N	A	F	Y	C	K	A
E	A	Q	D	D	D	E	R	D	Y	H	G	V	N
R	N	M	D	A	L	L	I	H	X	Z	C	J	I
P	A	U	F	B	U	L	M	C	H	O	L	G	E
G	O	R	L	L	E	W	I	N	P	W	I	Z	V
V	I	K	U	J	Y	N	Y	S	A	N	I	D	L

UCHDER
ATLAS
DINAS
CYFANDIR
HEMISFFER
AFON
YNYS
LLEDRED
HYDRED
MAP
MÔR
MERIDIAN
BYD
MYNYDD
GOGLEDD
GORLLEWIN
GWLAD
RHANBARTH
DE
TIRIOGAETH

68 - Cibo #1

O	B	B	C	L	C	H	T	R	D	X	W	T	L
T	Y	V	A	B	E	A	A	S	U	D	D	I	S
T	D	H	I	Z	G	M	C	L	V	K	D	W	I
K	H	X	V	D	E	K	O	E	E	U	I	N	N
H	T	C	W	F	L	M	T	N	N	N	A	A	A
D	A	L	A	S	L	L	M	C	N	O	H	S	M
B	B	M	T	T	Y	R	D	H	C	I	G	I	O
S	A	W	U	B	G	I	C	J	O	N	R	W	N
H	S	Y	L	G	O	G	I	B	S	U	A	G	E
P	I	A	M	M	E	F	U	S	K	Q	Y	R	N
U	L	L	L	A	E	T	H	W	X	B	C	Z	G
M	B	R	M	C	U	Q	X	F	M	U	M	D	M
M	N	P	T	J	H	Z	H	L	U	K	D	J	F
E	C	M	O	R	O	N	G	A	R	L	L	E	G

GARLLEG
BASIL
SINAMON
CIG
MORON
UNION
MEFUS
SALAD
LLAETH
LEMON
BATHDY
HAIDD
GELLYG
MAIP
HALEN
SBIGOGLYS
SUDD
TIWNA
CACEN
SIWGR

69 - Aeroplani

U	H	L	L	M	X	H	P	P	W	L	T	A	D
N	C	W	E	Y	I	N	J	E	W	N	O	B	A
G	L	H	A	W	W	I	V	R	I	U	G	X	E
L	Y	C	D	X	K	I	A	D	R	L	T	Q	V
A	G	Y	A	E	Q	N	O	X	C	I	O	B	B
N	R	F	I	G	R	H	A	N	E	S	I	T	A
I	Y	E	N	L	U	W	M	I	B	P	N	A	L
O	W	I	Y	G	T	H	O	J	V	I	U	D	Ŵ
W	A	R	G	S	N	Y	X	Z	E	G	L	E	N
U	E	I	S	L	A	L	Y	B	Z	S	Y	I	N
T	N	A	I	R	I	E	P	E	G	X	D	L	U
C	A	D	D	D	Y	W	N	A	T	N	W	A	C
T	E	I	T	H	W	Y	R	Y	W	A	I	D	K
H	Y	D	R	O	G	E	N	R	X	K	I	U	V

UCHDER
AWYRGYLCH
GLANIO
ANTUR
TANWYDD
AWYR
ADEILADU
DYLUNIO
CYFEIRIAD
DISGYNIAD
CRIW
HYDROGEN
PEIRIANT
LYWIO
BALŴN
TEITHWYR
PEILOT
HANES

70 - Governo

H	G	C	B	U	T	A	W	W	H	V	A	A	D
T	S	Y	L	U	I	L	R	A	T	Z	R	N	E
E	Y	F	T	D	J	N	R	D	E	P	W	N	M
A	M	I	R	H	T	I	A	R	A	Q	E	I	O
I	B	A	A	G	E	S	H	A	I	L	I	B	C
R	O	W	F	F	C	N	E	Y	D	I	N	Y	R
W	L	N	O	E	E	Y	E	N	D	F	Y	N	A
D	I	D	D	Y	H	R	F	B	Y	I	D	I	T
A	R	E	A	W	I	F	P	R	S	S	D	A	I
L	S	R	E	M	N	E	K	F	A	Z	I	E	A
W	Y	F	T	J	J	W	L	L	N	I	H	T	E
V	F	E	H	T	U	X	M	G	I	W	T	H	T
C	E	N	E	D	L	N	Z	J	D	Q	R	H	H
C	Y	F	R	E	I	T	H	I	O	L	E	D	P

ARWEINYDD
DINASYDDIAETH
SIFIL
DEMOCRATIAETH
ARAITH
TRAFODAETH
CYFIAWNDER
ANNIBYNIAETH
CYFREITHIOL
CYFRAITH
RHYDDID
HENEB
CENEDL
ARDAL
SYMBOL
WLADWRIAETH

71 - Bellezza

R	K	S	O	O	M	I	A	H	C	Y	R	D	S
E	L	T	P	U	H	G	K	H	R	R	F	X	W
U	P	E	Q	M	I	N	L	L	I	W	O	V	Y
L	G	I	K	C	A	J	E	G	E	I	E	E	N
H	U	L	U	A	R	I	O	O	E	L	B	M	N
V	C	Y	U	I	A	M	S	R	C	L	G	P	C
E	H	D	M	N	C	L	L	A	N	M	C	Q	E
U	U	D	V	N	S	D	R	M	A	S	B	C	I
G	R	A	S	T	A	V	U	X	R	I	X	O	N
X	Q	L	W	G	M	T	C	K	G	S	K	L	D
U	A	H	T	E	A	N	A	S	A	W	G	U	E
G	F	R	D	H	L	Q	V	D	R	R	U	R	R
G	O	B	Z	U	S	O	Y	D	F	N	M	E	U
A	E	Z	C	Y	N	H	Y	R	C	H	I	O	N

LLIW
COLUR
CAIN
CEINDER
SWYN
SISWRN
FRAGRANCE
GRAS
MASCARA
OLEWAU
CROEN
CYNHYRCHION
AROGL
CURLS
MINLLIW
GWASANAETHAU
SIAMP
DRYCH
STEILYDD

72 - Avventura

Z	G	F	D	I	O	G	E	L	W	C	H	V	N
F	X	L	N	E	L	R	E	S	M	A	W	C	A
N	J	O	H	A	R	D	D	W	C	H	N	H	T
L	K	R	M	K	F	U	V	C	Y	F	L	E	U
H	F	E	Q	Q	P	H	D	D	R	U	S	Q	R
L	E	F	I	L	F	W	C	L	L	Y	W	I	O
S	L	R	S	U	L	G	Y	R	E	P	N	O	T
B	Q	A	I	O	I	G	J	O	Y	U	E	T	E
Y	F	N	W	A	R	L	D	G	W	C	W	A	I
G	I	A	Y	E	U	W	P	T	S	H	Y	R	T
P	H	P	V	L	N	R	S	H	D	U	D	A	H
X	O	E	X	P	U	Y	E	J	T	S	D	P	I
T	G	J	Z	U	A	I	D	N	I	R	F	F	O
U	D	B	G	G	M	R	E	D	R	W	E	D	S

FFRINDIAU
HARDDWCH
DEWRDER
CYRCHFAN
LLAWENYDD
ANARFEROL
AMSERLEN
NATUR
LLYWIO
NEWYDD
CYFLE
PERYGLUS
PARATOI
HERIAU
DIOGELWCH
TEITHIO

73 - Oceano

S	G	L	E	F	R	O	D	M	Ô	R	O	O	Q
Y	Q	K	T	L	T	I	W	N	A	X	A	C	J
D	X	V	K	L	D	O	L	F	F	I	N	T	N
R	F	O	U	Y	W	S	T	B	Q	D	E	O	Z
E	I	H	A	S	Q	Y	I	O	F	D	L	P	M
B	J	Z	F	Y	X	V	S	A	N	O	A	W	L
K	A	F	S	W	X	K	C	T	R	N	H	S	P
M	R	V	H	O	N	A	B	W	R	C	A	M	Y
O	F	C	A	D	L	L	A	N	W	Y	T	U	S
R	E	H	C	W	C	S	X	R	H	F	S	Â	G
F	D	M	R	O	T	S	X	X	Y	J	H	G	O
I	A	Z	A	A	R	L	J	S	E	U	E	L	D
L	T	K	N	B	A	C	V	J	P	P	R	A	D
S	Q	F	C	C	W	R	E	L	P	M	B	J	M

ALGÂU
LLYSYWOD
MORFIL
CWCH
CWREL
DOLFFIN
BERDYS
CRANC
LLANW
SGLEFROD MÔR
TONNAU
WYSTRYS
PYSGOD
OCTOPWS
HALEN
NODDI
SIARC
CRWBAN
STORM
TIWNA

74 - Famiglia

E	C	R	G	I	X	D	F	M	C	J	B	X	P
N	F	E	S	W	K	C	L	O	D	A	T	C	L
X	R	E	F	B	P	B	F	D	I	A	T	J	E
I	X	G	I	N	T	M	W	R	W	O	D	O	N
K	M	H	V	L	D	A	T	Y	N	A	I	N	T
M	A	M	A	U	L	E	B	B	E	J	T	X	Y
G	W	R	A	I	G	I	R	Z	N	F	N	E	N
Z	J	H	T	H	T	A	A	F	A	C	A	S	D
O	X	T	A	C	B	I	G	I	I	H	L	M	O
G	R	Y	Y	Z	X	O	I	R	D	W	P	P	D
T	D	W	R	C	E	H	X	D	W	A	R	B	G
J	X	E	C	V	A	N	Y	T	N	E	L	P	Ŵ
O	D	A	I	F	A	N	Y	H	C	R	E	M	R
Q	V	R	M	O	G	M	L	Y	Q	W	V	P	Q

HYNAFIAD
PLANT
PLENTYN
CEFNDER
MERCH
BRAWD
EFEILLIAID
PLENTYNDOD
FAM
GŴR
MAMAU
GWRAIG
NAI
NAIN
TAID
TAD
TADOL
CHWAER
MODRYB
EWYTHR

75 - Creatività

H	D	W	Y	S	E	D	D	Y	U	O	Z	D	D
X	Y	L	V	W	J	A	G	S	Q	S	D	I	Y
Z	G	L	G	S	Y	V	I	B	E	Y	A	L	C
T	I	E	I	K	R	G	D	R	M	N	T	Y	H
N	T	M	T	F	R	U	D	Y	O	I	E	S	Y
A	S	Y	A	F	E	A	O	D	S	A	I	R	M
I	I	G	M	A	D	D	S	O	I	D	M	W	Y
G	T	I	A	R	R	A	D	L	Y	A	L	Y	G
E	R	D	R	G	U	L	D	I	N	U	A	D	N
N	A	E	D	R	L	M	U	A	A	P	D	D	V
Y	G	A	D	A	G	I	B	E	U	Y	J	F	T
M	C	Q	Q	D	E	E	T	T	D	H	U	T	F
C	K	N	M	T	F	T	F	H	E	N	Q	C	R
D	Q	V	D	E	L	W	E	D	D	S	Y	T	U

ARTISTIG
DILYSRWYDD
EGLURDER
DRAMATIG
EMOSIYNAU
MYNEGIANT
HYLIFEDD
SYNIADAU
DYCHYMYG
DELWEDD
ARGRAFF
DWYSEDD
GREDDF
BUDDSODDI
YSBRYDOLIAETH
TEIMLAD
TEIMLADAU
DIGYMELL

76 - Veicoli

T	J	D	D	A	M	B	I	W	L	A	N	S	I
A	G	G	D	J	L	C	Y	Z	P	B	N	Y	M
C	H	Z	Y	C	W	C	H	Q	U	M	J	E	N
S	X	Y	N	V	M	M	M	O	D	U	R	A	C
I	B	N	N	X	D	G	N	N	I	R	E	F	F
R	O	C	E	D	G	U	F	A	S	T	P	I	O
O	M	K	R	E	T	W	G	S	F	R	I	M	S
L	N	O	F	B	W	W	W	A	F	A	N	X	E
X	P	D	O	N	G	S	J	B	O	C	R	B	E
B	S	P	H	G	Y	J	N	Ê	R	T	O	A	A
N	E	R	Y	W	A	O	J	G	D	O	G	V	C
I	L	I	B	B	R	Q	L	O	D	R	U	F	O
L	L	U	C	H	W	T	I	R	I	O	N	M	H
J	H	W	E	R	U	S	I	Y	Y	G	J	O	S

AWYREN
AMBIWLANS
CAR
BWS
CWCH
BEIC
LORI
CARAFAN
HOFRENNYDD
ISFFORDD

MODUR
TIRION
ROCED
SGWTER
TACSI
FFERI
TRACTOR
TRÊN
LLU

77 - Emozioni

X	P	L	U	K	F	U	S	Y	W	N	N	Y	C
K	S	S	U	O	R	F	F	Y	G	P	A	S	D
H	M	L	Q	A	X	E	K	H	N	F	O	M	C
L	T	Y	N	E	R	W	C	H	D	D	N	W	Y
L	L	L	V	F	C	A	X	C	I	R	O	Y	D
E	L	O	V	U	A	R	N	W	F	H	L	D	Y
W	O	A	N	C	R	P	Z	D	L	Y	D	D	M
A	N	S	W	Y	U	Z	A	D	A	D	O	I	D
D	E	A	E	E	D	J	L	E	S	D	F	C	E
D	D	O	G	E	N	D	N	H	T	H	X	T	I
E	D	D	Y	F	N	Y	W	D	O	A	W	E	M
V	M	H	U	T	S	T	D	C	D	D	J	R	L
R	A	G	H	C	L	O	I	D	H	G	D	G	A
Z	H	B	T	R	I	S	T	W	C	H	N	E	D

CARU
WYNFYD
DAWEL
CYNNWYS
GYFFROUS
LLAWENYDD
DIOLCHGAR
DIFLASTOD
HEDDWCH
OFN
DICTER
HAMDDENOL
RHYDDHAD
CYDYMDEIMLAD
FODLON
SYNDOD
TYNERWCH
LLONYDDWCH
TRISTWCH

78 - Natura

T	R	O	F	A	N	N	O	L	F	C	Y	L	W
R	R	A	R	L	M	A	M	Z	R	N	R	N	M
R	G	E	S	Y	C	Z	H	P	J	D	Q	R	H
G	H	E	A	C	Y	M	Y	L	A	U	A	Y	X
W	Z	E	N	P	H	M	O	U	V	D	C	I	Q
E	Q	E	W	L	H	A	R	D	D	W	C	H	L
N	O	F	A	L	W	I	N	G	W	Y	L	L	T
Y	J	C	T	G	I	W	D	E	O	C	E	A	D
N	H	L	O	D	O	F	N	A	H	Q	W	R	Y
A	N	I	F	E	I	L	I	A	I	D	A	C	N
M	Y	N	Y	D	D	O	E	D	D	Z	T	T	A
K	K	F	U	Y	K	F	U	I	K	T	G	I	M
K	L	M	A	N	I	A	L	W	C	H	J	G	I
F	D	Y	U	G	C	L	O	G	W	Y	N	I	G

ANIFEILIAID
GWENYN
ARCTIG
HARDDWCH
ANIALWCH
DYNAMIG
AFON
DAIL
COEDWIG
RHEWLIF
MYNYDDOEDD
NIWL
CYMYLAU
CYSEGR
CLOGWYNI
GWYLLT
TAWEL
TROFANNOL
HANFODOL

79 - Balletto

D	A	W	N	S	W	Y	R	Y	C	Y	D	O	T
K	P	W	V	E	K	G	J	S	D	B	W	G	E
G	Z	K	H	C	R	I	H	T	A	Y	Y	W	C
P	E	M	R	X	E	D	T	U	B	I	S	E	H
E	L	L	R	B	B	D	E	M	W	F	E	R	N
P	S	I	I	C	J	I	A	N	X	F	D	S	E
G	Y	N	U	L	L	E	I	D	F	A	D	I	G
U	K	U	Q	M	L	G	R	E	F	R	A	M	Y
O	N	T	U	I	U	S	O	M	R	G	R	H	K
L	Y	A	K	S	D	O	D	W	U	O	D	T	K
O	Y	N	W	F	D	G	D	G	Z	E	H	Y	M
W	D	Q	S	D	R	B	R	J	H	R	Z	H	M
R	Y	U	M	D	A	Z	E	V	L	O	J	R	U
C	Y	H	Y	R	A	U	C	D	M	C	Q	E	K

UNAWD
DAWNSWYR
COREOGRAFFI
YSTUM
GOSGEIDDIG
DWYSEDD
GWERSI
CYHYRAU
CERDDORIAETH
YMARFER
GYNULLEIDFA
RHYTHM
ARDDULL
TECHNEG

80 - Paesi #1

A	T	F	F	I	A	R	Y	V	R	Y	H	E	C
C	V	W	Y	N	B	V	O	C	O	R	O	M	A
B	A	V	P	D	L	H	K	G	Q	A	I	Y	N
M	J	M	L	I	Y	W	R	O	N	L	R	T	A
L	J	E	B	A	W	N	D	V	G	M	A	H	D
F	I	M	L	O	P	V	N	L	D	A	C	K	A
R	B	B	F	L	D	B	L	A	G	E	N	E	S
P	P	Z	Y	B	A	I	R	H	R	N	E	F	Y
A	N	J	Q	A	L	Q	A	A	J	V	A	F	M
N	G	N	W	E	W	T	U	B	S	V	B	I	A
A	W	T	T	C	G	R	G	E	Q	I	S	N	L
M	V	E	N	E	Z	U	E	L	A	M	L	D	I
A	I	N	A	M	O	R	M	A	N	T	E	I	F
I	S	R	A	E	L	T	C	N	V	L	P	R	H

BRASIL
CAMBODIA
CANADA
YR AIFFT
FFINDIR
YR ALMAEN
INDIA
IRAC
ISRAEL
LIBYA
MALI
MOROCO
NORWY
PANAMA
GWLAD PWYL
ROMANIA
SENEGAL
SBAEN
VENEZUELA
FIETNAM

81 - Geometria

C	T	H	E	O	R	I	U	R	A	U	N	E	C
S	Y	W	G	F	Z	K	V	C	K	X	S	E	F
E	D	F	O	D	L	O	P	C	H	C	L	Y	C
G	I	T	R	A	Z	T	P	Y	T	D	M	W	F
M	A	O	H	I	O	F	V	F	R	Q	E	F	D
E	M	S	C	L	F	P	J	R	I	Q	G	R	R
N	E	P	O	A	Y	I	U	A	O	P	Z	T	H
T	D	Z	F	F	Q	A	A	N	N	D	C	T	E
V	R	L	Y	A	D	E	H	D	G	I	F	W	S
F	F	Q	C	H	Y	B	G	Z	L	G	N	O	Y
C	Y	M	E	S	U	R	E	D	D	W	L	F	M
D	I	M	E	N	S	I	W	N	R	H	I	F	E
C	A	N	O	L	R	I	F	L	Y	N	T	B	G
G	R	O	M	L	I	N	L	Z	D	W	F	A	A

UCHDER
ONGL
CYFRIFIAD
CYLCH
GROMLIN
DIAMEDR
DIMENSIWN
HAFALIAD
RHESYMEG
CANOLRIF
RHIF
CYFOCHROG
CYFRAN
SEGMENT
CYMESUREDD
WYNEB
THEORI
TRIONGL

82 - Foresta Pluviale

W	A	T	G	M	B	U	S	C	J	D	C	Q	H
N	A	T	U	R	W	O	D	E	F	Y	R	P	Q
O	J	R	T	V	O	S	T	H	O	X	N	V	A
G	O	R	O	E	S	I	O	A	B	H	L	G	I
B	E	Z	U	V	H	M	M	G	N	T	P	U	L
M	N	S	L	D	C	O	A	H	L	E	N	Y	O
A	D	A	R	Y	R	N	M	I	A	A	G	Q	F
C	Y	M	Y	L	A	U	A	N	D	I	L	O	M
Z	A	F	M	L	P	R	L	S	F	W	L	H	L
W	G	Y	F	L	N	Y	I	A	E	Y	O	S	J
C	Y	M	U	N	E	D	A	W	R	R	C	Q	P
E	E	Y	N	X	M	D	I	D	F	M	H	G	Y
D	X	I	N	F	A	I	D	D	P	A	E	G	L
A	M	F	F	I	B	I	A	I	D	W	S	Y	Y

AMFFIBIAID
BOTANEGOL
HINSAWDD
CYMUNED
AMRYWIAETH
JYNGL
PRYFED
MAMALIAID
MWSOGL
NATUR
CYMYLAU
ADFER
LLOCHES
PARCH
GOROESI
ADAR

83 - Edifici

A	A	R	C	H	F	A	R	C	H	N	A	D	F
F	M	G	L	B	L	Q	T	Z	L	A	S	G	F
L	F	G	T	W	R	C	A	G	O	B	T	S	L
L	H	E	U	Y	T	S	E	W	G	A	A	H	A
Y	S	O	R	E	X	O	H	C	S	C	D	B	T
S	H	G	S	M	D	H	T	I	Y	T	I	U	N
R	Y	K	V	T	A	D	W	R	F	D	W	R	W
A	S	B	R	L	E	M	F	T	I	Y	M	K	L
B	G	P	W	B	E	L	L	A	R	N	E	I	Y
Y	U	N	L	P	X	L	O	F	P	F	D	L	S
E	B	Y	U	Q	H	E	P	F	N	B	L	A	G
E	O	Y	D	R	O	B	A	L	Q	K	L	X	O
W	R	V	C	Z	C	A	Y	S	B	Y	T	Y	L
S	I	N	E	M	A	P	C	A	S	T	E	L	L

FFLAT
CABAN
CASTELL
SINEMA
FFATRI
FFERM
YSGUBOR
GWESTY
LABORDY
AMGUEDDFA
YSBYTY
ARSYLLFA
HOSTEL
YSGOL
STADIWM
ARCHFARCHNAD
THEATR
PABELL
TWR
PRIFYSGOL

84 - Paesi #2

G	Z	G	W	Q	D	A	P	H	A	G	R	U	U
W	N	W	C	N	L	L	A	S	A	R	R	A	G
L	E	E	R	O	I	B	K	R	Y	I	D	C	A
A	W	A	Á	D	A	A	I	R	Q	R	T	K	N
D	J	I	I	D	I	N	S	G	O	K	I	I	D
G	A	S	N	R	S	I	T	L	A	O	S	A	A
R	P	W	D	E	E	A	A	R	I	A	U	Y	R
O	A	R	S	W	N	G	N	L	R	I	M	X	D
E	N	S	U	I	O	V	I	N	E	P	A	L	E
G	X	H	D	K	D	E	R	N	B	O	B	T	N
T	C	W	A	J	N	A	C	W	I	I	Z	A	M
F	B	O	N	H	I	Z	R	U	L	H	I	Z	A
J	A	M	A	I	C	A	R	G	N	T	T	K	R
M	E	C	S	I	C	O	Q	Y	P	E	E	D	C

ALBANIA
DENMARC
ETHIOPIA
JAMAICA
JAPAN
GWLAD GROEG
HAITI
INDONESIA
IWERDDON
LAOS
LIBERIA
MECSICO
NEPAL
NIGERIA
PAKISTAN
RWSIA
SYRIA
SUDAN
WCRÁIN
UGANDA

85 - Tipi di Capelli

B	P	V	L	A	D	D	E	M	G	S	N	Q	B
P	Y	F	F	L	E	O	M	L	L	W	Y	D	L
L	H	R	I	H	Y	O	E	Z	C	T	W	I	O
E	S	Y	C	H	L	F	K	O	R	I	G	Y	N
T	U	J	E	I	L	H	N	A	I	R	A	V	D
H	H	C	Y	A	I	G	W	E	A	T	S	C	I
E	C	U	E	O	W	P	O	V	J	I	C	Z	H
D	W	A	F	C	N	H	R	D	G	J	X	Y	T
I	R	T	Y	U	K	K	B	X	R	C	G	F	E
G	T	V	M	R	C	Y	R	L	I	O	G	M	L
L	Z	C	P	L	D	Y	M	Y	J	Q	T	J	B
Z	K	F	F	S	B	T	S	S	T	O	W	B	M
B	T	E	N	A	U	D	U	A	Y	A	V	D	I
Z	Y	Q	U	I	C	V	U	Y	L	M	Y	H	V

ARIAN
SYCH
GWYN
BLOND
BYR
MOEL
LLIW
LLWYD
PLETHEDIG
LLYFN
HIR
BROWN
MEDDAL
DU
CYRLIOG
CURLS
IACH
TENAU
TRWCHUS
BLETHI

86 - Vestiti

I	J	H	O	E	S	G	I	D	N	U	M	K	S
B	R	E	I	C	H	L	E	D	S	O	I	L	G
N	A	B	L	O	W	S	T	N	A	P	M	P	A
H	J	K	R	O	S	A	N	D	A	L	A	U	R
H	T	E	H	R	D	Z	G	O	D	E	F	F	F
T	S	Ô	V	D	T	T	W	N	L	C	Q	X	F
S	I	A	C	E	D	A	R	W	S	Y	W	H	C
G	Y	Z	F	K	D	D	E	E	E	C	M	S	B
G	W	I	S	G	B	N	G	J	G	F	V	L	M
B	G	D	C	G	J	A	Y	U	Î	S	K	P	E
C	A	M	M	H	G	B	S	O	V	N	K	L	N
C	R	Y	S	M	D	O	R	D	G	Z	S	U	I
B	Q	V	H	Y	Q	D	G	J	L	U	I	G	G
P	Y	J	A	M	A	S	F	F	A	S	I	W	N

GWISG
BREICHLED
BLOWS
CRYS
HET
CÔT
GWREGYS
ADNABOD
SIACED
SGERT
FFEDOG
MENIG
JÎNS
CHWYSWR
FFASIWN
PANTS
PYJAMAS
SANDALAU
ESGID
SGARFF

87 - Arte

Y	S	B	R	Y	D	O	L	I	B	C	B	G	N
C	E	R	F	L	U	N	O	P	A	Y	M	W	R
H	C	L	F	J	H	T	B	W	R	M	Y	R	C
W	A	G	W	F	A	Q	M	N	D	H	N	E	Y
Y	S	Y	M	L	I	G	Y	C	D	L	E	I	F
L	A	A	J	O	A	G	S	Y	O	E	G	D	A
I	Z	S	K	N	H	I	U	B	N	T	I	D	N
A	T	X	C	O	W	M	E	R	I	H	A	I	S
U	W	W	W	S	C	A	G	N	A	D	N	O	O
U	D	A	E	R	T	R	O	P	E	O	T	L	D
I	C	T	R	E	S	E	E	V	T	N	F	G	D
Z	O	V	L	P	W	C	E	U	H	E	K	E	I
P	A	E	N	T	I	A	D	A	U	S	G	X	A
S	W	R	E	A	L	A	E	T	H	T	M	Z	D

CERAMIG
CYMHLETH
CYFANSODDIAD
CREU
PAENTIADAU
MYNEGIANT
FFIGUR
YSBRYDOLI
ONEST
GWREIDDIOL
PERSONOL
BARDDONIAETH
PORTREADU
CERFLUN
SYML
SYMBOL
PWNC
SWREALAETH
HWYLIAU

88 - Meteo

G	V	H	A	W	E	L	T	R	S	T	V	S	Q
W	V	I	U	A	H	Z	A	K	W	Y	F	K	A
Y	T	N	S	R	M	K	R	N	G	M	F	T	U
N	Q	S	Â	N	K	E	A	L	N	H	G	N	E
T	J	A	A	I	F	N	N	M	E	E	X	Y	E
E	U	W	F	W	L	U	A	E	T	R	Y	W	A
V	B	D	G	L	P	X	U	L	F	E	O	R	F
S	B	D	E	E	M	F	E	L	Z	D	P	O	H
Y	C	W	M	W	L	R	M	T	O	D	M	C	Z
C	S	Y	C	H	T	R	O	F	A	N	N	O	L
H	T	O	R	N	A	D	O	T	H	E	W	U	M
D	J	Q	L	E	B	P	W	A	S	C	G	X	B
E	I	R	K	M	O	N	S	Ŵ	N	V	L	S	X
R	A	L	O	P	A	W	Y	R	G	Y	L	C	H

ENFYS
SYCH
AWYRGYLCH
AWEL
AWYR
HINSAWDD
MELLT
IÂ
MONSŴN
NIWL
CWMWL
POLAR
SYCHDER
TYMHEREDD
STORM
TORNADO
TROFANNOL
TARANAU
CORWYNT
GWYNT

89 - Corpo Umano

A	A	Q	A	O	Y	C	C	W	A	L	B	G	P
U	H	Z	N	Ê	N	M	W	M	O	L	O	U	E
T	Q	F	I	K	W	V	E	D	F	A	L	P	N
T	U	F	L	N	R	B	E	N	Y	W	A	E	E
L	L	Y	G	A	D	C	J	Q	N	T	S	N	L
T	S	J	N	L	D	Y	R	S	B	Y	R	P	I
H	T	H	E	K	Y	K	Ê	O	A	J	D	F	N
A	D	T	P	W	W	U	F	S	E	O	C	D	R
G	E	G	H	A	G	C	F	O	C	N	M	D	K
G	A	L	O	N	S	Z	L	Z	T	L	E	W	Q
W	W	U	J	T	Y	Q	T	Q	R	L	U	G	X
U	G	S	Q	I	D	R	B	R	W	P	W	S	B
B	U	W	Z	E	B	Y	S	Y	Y	B	K	C	T
X	K	B	I	S	T	R	Z	E	N	I	E	Y	N

GEG
FFÊR
YMENNYDD
GWDDF
GALON
BYS
WYNEB
COES
PEN-GLIN
PENELIN

LLAW
ÊN
TRWYN
LLYGAD
CLUST
CROEN
GWAED
YSGWYDD
BOLA
PEN

90 - Mammiferi

J	E	R	S	B	D	I	Y	D	G	D	C	L	M
I	L	Y	F	F	E	C	L	L	E	W	W	L	W
R	I	D	K	U	F	A	C	I	D	A	N	W	N
A	F	O	Y	L	X	W	H	F	R	R	I	Y	C
F	F	L	E	C	D	D	I	A	L	B	N	N	I
F	A	F	D	T	I	O	J	X	B	E	G	O	U
X	N	F	C	P	A	O	I	B	K	S	E	G	M
N	T	I	L	I	F	R	O	M	A	C	N	S	C
X	V	N	E	E	E	A	W	R	I	E	C	L	P
A	A	U	B	C	D	G	C	O	Y	O	T	E	L
C	Q	L	A	G	T	N	K	L	Y	D	O	P	H
A	K	I	R	C	X	A	L	I	R	O	G	S	X
T	B	H	T	S	O	K	B	P	D	G	Y	K	T
H	F	C	H	G	W	G	A	S	R	K	D	Q	X

MORFIL
CI
KANGAROO
CEFFYL
CEIRW
CWNINGEN
COYOTE
DOLFFIN
ELIFFANT
CATH

JIRAFF
GORILA
LLEW
BLAIDD
ARTH
DEFAID
MWNCI
TARW
LLWYNOG
SEBRA

91 - Arrampicata

C	L	F	S	F	O	A	X	M	Y	M	L	E	H
U	O	K	B	H	O	K	I	M	C	A	T	C	H
A	R	B	E	N	I	G	W	R	E	P	N	Z	E
I	O	A	N	A	F	H	O	L	C	N	A	C	I
D	F	V	A	L	E	E	H	F	R	Y	I	N	C
I	F	A	W	Y	Z	R	G	O	Y	R	D	G	I
G	R	C	J	L	H	I	E	G	F	Y	D	H	O
S	O	H	B	R	Q	A	E	R	D	Y	R	U	Q
E	C	Y	W	C	T	U	Y	S	E	D	O	Q	A
N	F	L	U	C	H	D	E	R	R	G	F	J	P
F	D	D	Y	W	R	G	O	L	D	Y	F	E	S
A	W	Y	R	G	Y	L	C	H	F	C	Y	N	U
C	A	N	L	L	A	W	I	A	U	U	H	G	P
S	L	U	G	A	S	Z	Q	D	D	L	T	I	R

UCHDER
AWYRGYLCH
HELM
HEICIO
ARBENIGWR
CORFFOROL
HYFFORDDIANT
CRYFDER
OGOF
MENIG
CANLLAWIAU
ANAF
MAP
HERIAU
SEFYDLOGRWYDD
ESGIDIAU
CUL
TIR

92 - Animali Domestici

I	G	Z	F	I	C	K	T	F	V	P	Y	F	S
C	Y	N	F	F	O	N	E	D	O	G	Y	L	L
O	D	A	Y	C	C	O	L	E	R	G	B	Y	P
S	D	B	A	N	R	G	D	U	R	A	Q	C	Y
B	E	W	O	N	N	A	J	T	Y	F	V	Y	S
Y	F	R	K	T	E	E	F	N	A	R	X	B	G
U	L	C	K	P	A	W	D	A	G	L	Y	A	O
X	I	B	R	O	A	I	M	K	N	X	I	E	D
Y	M	Q	H	R	S	R	Ŵ	D	F	G	P	G	B
M	A	D	F	A	L	L	O	I	C	M	A	O	U
B	E	Y	Y	R	B	B	W	T	B	L	D	U	W
A	Y	W	C	Ŵ	N	B	A	C	H	W	L	I	C
R	A	B	C	W	N	I	N	G	E	N	J	V	H
H	A	M	S	T	E	R	C	A	T	H	D	V	F

DŴR
CRAFANGAU
CI
GAFR
BWYD
CYNFFON
COLER
CWNINGEN
HAMSTER
CŴN BACH

CATH
DENNYN
MADFALL
BUWCH
PAROT
PYSGOD
CRWBAN
LLYGODEN
MILFEDDYG

93 - Cucina

Q	B	W	Y	D	J	U	P	O	P	T	Y	Y	U
U	E	Q	L	L	C	K	X	M	Y	M	F	O	A
W	S	J	W	G	N	A	P	C	Y	N	V	M	N
R	T	S	O	F	M	Y	R	A	R	S	A	Z	A
Y	C	K	B	T	F	W	K	B	A	Y	A	R	P
S	R	C	K	T	K	E	W	C	J	S	F	D	W
Á	Y	I	D	D	O	N	D	Z	V	I	L	F	C
I	L	T	E	G	E	L	L	O	C	E	L	N	Y
T	L	S	T	P	W	I	L	T	G	B	W	A	L
P	E	P	D	N	U	R	A	E	M	S	Y	D	L
T	T	O	S	T	D	G	R	Y	G	V	A	E	Y
A	W	H	L	L	E	G	W	E	H	R	U	E	L
H	A	C	P	M	H	D	C	T	B	U	E	L	L
Q	D	N	W	H	Y	V	Q	I	Y	U	P	O	G

CHOPSTICKS
TEGELL
JWG
BWYD
BOWL
CYLLYLL
RHEWGELL
LLWYAU
FFYRC
POPTY
OERGELL
FFEDOG
GRIL
LLETWAD
RYSÁIT
SBEISYS
NODDI
CWPANAU
NAPCYN
JAR

94 - Giardinaggio

T	A	L	B	A	X	S	T	D	H	G	D	R	B
Y	K	L	O	C	W	B	U	A	A	X	V	H	L
M	B	E	T	J	V	L	L	E	B	I	P	Y	O
H	E	I	A	S	S	J	L	O	D	V	L	W	D
O	R	T	N	D	P	V	H	P	D	J	E	O	A
R	L	H	E	Ŵ	T	M	M	X	W	Y	W	G	U
O	L	D	G	R	V	U	A	D	A	H	N	A	C
L	A	E	O	X	Q	Y	S	V	S	E	S	E	G
A	N	R	L	B	A	W	N	W	N	J	S	T	P
B	W	Y	T	A	D	W	Y	A	I	H	S	H	H
E	G	S	O	T	I	G	C	W	H	B	V	A	I
C	Y	N	H	W	Y	S	Y	D	D	A	M	U	X
I	C	D	Z	P	R	I	D	D	X	S	O	G	U
Q	V	T	C	O	M	P	O	S	T	M	G	A	V

DŴR
BOTANEGOL
HINSAWDD
BWYTADWY
COMPOST
CYNHWYSYDD
EGSOTIG
BLODYN
BLODAU
DAIL
BERLLAN
TUSW
HADAU
RHYWOGAETHAU
BAW
TYMHOROL
PRIDD
PIBELL
LLEITHDER

95 - Universo

O	G	V	A	U	C	S	H	H	Y	H	R	X	F
R	O	P	S	P	O	E	D	C	A	T	K	W	Q
B	R	M	T	G	S	R	O	L	L	E	U	A	D
I	W	W	E	W	M	Y	Z	Y	Q	A	U	L	D
T	E	W	R	E	I	D	T	G	T	L	U	L	Y
U	L	H	O	L	G	D	T	R	E	A	H	E	D
I	O	C	I	A	M	W	B	Y	L	G	E	D	I
E	F	W	D	D	S	R	D	W	E	Z	M	R	S
R	E	L	D	W	Q	M	Y	A	S	J	I	E	L
D	N	L	E	Y	J	L	H	D	G	C	S	D	P
A	W	Y	R	U	C	F	E	V	O	P	F	B	J
Y	O	W	D	Q	G	U	A	T	P	D	F	X	U
S	V	Y	Y	S	O	L	A	R	D	B	E	T	A
U	R	T	H	T	E	A	I	D	D	Y	R	E	S

ASTEROID
SERYDDIAETH
SERYDDWR
AWYRGYLCH
TYWYLLWCH
NEFOL
AWYR
COSMIG
HEMISFFER
GALAETH
LLEDRED
HYDRED
LLEUAD
ORBIT
GORWEL
SOLAR
ATEB
TELESGOP
GWELADWY
SIDYDD

96 - Jazz

C	C	Y	M	E	R	A	D	W	Y	A	E	T	H
F	Y	H	T	E	A	I	R	O	D	D	R	E	C
P	T	F	A	R	D	D	U	L	L	M	N	B	E
L	E	K	A	T	E	J	E	B	P	W	E	H	D
K	C	H	D	N	Â	C	Q	Y	R	B	G	E	A
N	H	E	M	E	S	P	W	Y	S	L	A	I	S
E	N	N	H	L	G	O	W	N	E	A	Z	Q	X
W	E	B	T	A	A	V	D	A	V	Q	B	C	I
Y	G	W	Y	T	X	H	A	D	R	D	S	Z	O
D	N	G	H	Q	H	N	F	V	I	T	X	O	G
D	C	E	R	D	D	O	R	F	A	A	I	G	B
C	Y	F	A	N	S	O	D	D	W	R	D	S	S
F	F	E	F	R	Y	N	N	A	U	T	Y	V	T
Q	J	G	X	C	Y	N	G	E	R	D	D	C	K

ALBWM
CYMERADWYAETH
ARTIST
CÂN
CYFANSODDWR
CYFANSODDIAD
CYNGERDD
PWYSLAIS
ENWOG
GENRE
CERDDORIAETH
NEWYDD
CERDDORFA
FFEFRYNNAU
RHYTHM
ARDDULL
TALENT
TECHNEG
HEN

97 - Vacanze #2

G	Y	E	S	T	R	O	N	V	F	M	F	G	M
Z	W	N	R	X	K	N	N	N	O	M	U	W	A
R	G	E	Y	L	X	F	N	L	U	F	I	Y	E
I	C	Z	R	S	T	R	A	E	T	H	T	L	S
H	M	C	Ô	S	W	H	B	D	W	H	S	I	A
R	A	L	M	U	Y	K	V	F	N	R	L	A	W
P	P	U	F	Q	L	L	E	B	A	P	L	U	Y
A	P	D	I	B	V	A	L	C	F	Z	U	Q	R
S	W	I	Y	T	Y	W	B	A	H	F	N	V	S
B	G	A	H	T	I	A	T	S	C	S	I	Y	L
O	D	N	N	R	S	N	F	I	R	L	A	J	S
R	L	T	Y	Ê	Z	E	P	F	Y	X	U	Z	U
T	E	I	W	N	B	L	W	G	C	B	V	Z	B
H	A	M	D	D	E	N	I	G	T	A	C	S	I

MAES AWYR
GWERSYLLA
CYRCHFAN
LLUNIAU
GWESTY
YNYS
MAP
MÔR
PASBORT
BWYTY

TRAETH
ESTRON
TACSI
HAMDDEN
PABELL
CLUDIANT
TRÊN
GWYLIAU
TAITH
FISA

98 - Attività

G	E	M	A	R	E	C	W	H	G	X	X	J	G
M	W	M	S	M	L	D	O	U	V	A	O	V	W
A	U	A	S	O	P	H	A	D	F	L	U	M	E
Y	F	P	U	A	M	E	G	W	D	L	H	I	I
F	M	F	T	L	A	J	K	G	N	Y	U	H	T
B	C	L	U	H	E	L	A	A	H	S	O	Q	H
W	P	E	A	Y	I	V	D	R	E	R	I	I	G
Z	L	C	T	C	G	A	A	D	B	E	C	O	A
H	E	P	F	W	I	T	R	D	D	W	I	Ï	R
J	S	O	F	F	L	O	L	I	Q	G	E	N	E
G	E	P	E	X	P	G	L	O	A	B	H	W	D
E	R	R	R	L	O	S	E	K	L	A	H	G	D
Q	C	I	C	T	C	Y	N	F	C	U	Y	T	S
S	L	S	Z	V	H	P	H	A	M	D	D	E	N

CELF
CREFFTAU
GWEITHGAREDD
HELA
GWERSYLLA
CERAMEG
GWNÏO
DAWNSIO
HEICIO
GARDDIO
GEMAU
DARLLEN
HUD
GWAU
PYSGOTA
PLESER
POSAU
YMLACIO
HAMDDEN

99 - Diplomazia

A	L	L	Y	S	G	E	N	N	A	D	C	M	E
O	T	Z	U	W	B	E	D	N	U	T	Y	C	Q
D	O	E	U	O	B	H	D	Q	N	G	F	D	G
P	N	Y	B	O	N	Q	D	H	O	B	R	I	G
S	L	J	K	I	H	J	E	T	I	E	E	N	G
Y	M	G	Y	R	C	H	O	E	D	D	I	E	W
R	N	E	C	O	W	D	H	A	D	N	T	S	R
T	P	S	Y	M	L	I	T	D	Y	O	H	I	T
A	V	E	M	A	E	H	I	O	S	I	I	G	H
D	A	O	U	R	G	M	E	F	A	N	O	J	D
C	I	M	N	T	O	M	I	A	N	U	L	Y	A
V	Y	Y	E	F	I	V	R	R	I	B	A	K	R
M	H	T	D	K	D	A	B	T	D	E	H	W	O
L	L	Y	W	O	D	R	A	E	T	H	P	J	K

LLYSGENNAD
YMGYRCHOEDD
DINASYDDION
DINESIG
CYMUNED
GWRTHDARO
TRAFODAETH
MOESEG
LLYWODRAETH
UNIONDEB
CYFREITHIOL
IEITHOEDD
DATRYS
DIOGELWCH
ATEB
TRAMOR
CYTUNDEB

100 - Misurazioni

T	F	N	O	C	S	T	E	O	D	X	I	Z	L
I	U	K	Q	J	I	S	V	W	E	M	F	A	L
E	I	N	Y	G	C	L	M	N	G	G	P	C	E
B	T	A	N	R	Z	H	O	S	O	R	D	Y	D
A	D	F	G	E	I	Y	P	G	L	A	O	F	D
N	C	L	X	D	L	D	E	O	R	M	N	R	A
Q	I	O	S	N	E	L	I	P	T	A	X	O	R
M	I	N	Y	F	B	T	N	F	I	U	M	L	G
O	W	A	Z	Y	P	A	T	B	L	T	Q	W	J
D	C	C	L	D	U	C	H	D	E	R	K	X	C
F	M	E	S	U	R	Y	D	D	M	U	N	U	D
E	I	X	H	I	Y	F	R	J	B	E	Q	D	D
D	N	S	D	L	B	B	O	R	W	Y	Y	J	R
D	G	N	P	P	W	Y	S	A	U	M	À	S	D

UCHDER
BEIT
CANOLFAN
CILOGRAM
DEGOL
GRADD
GRAM
LLED
LITR
HYD
MÀS
MESURYDD
MUNUD
OWNS
PWYSAU
PEINT
MODFEDD
DYFNDER
TUNNELL
CYFROL

1 - Scacchi

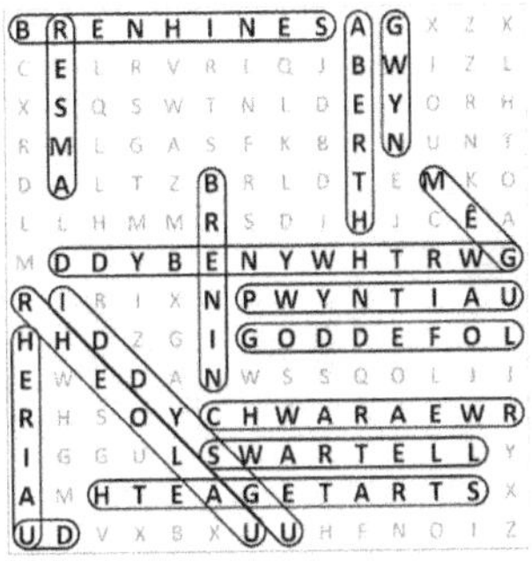

2 - Salute e Benessere #2

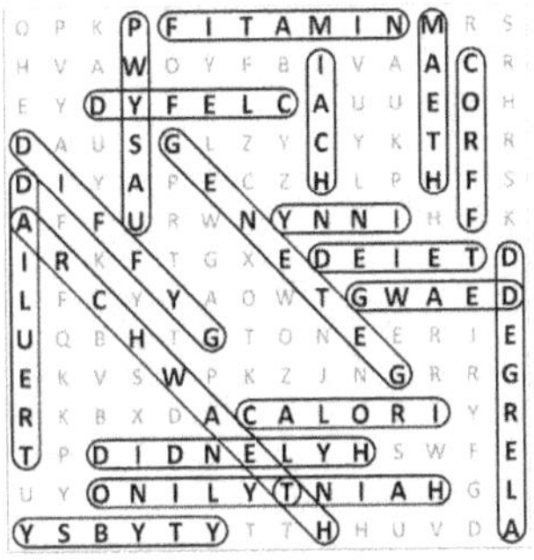

3 - Aggettivi #2

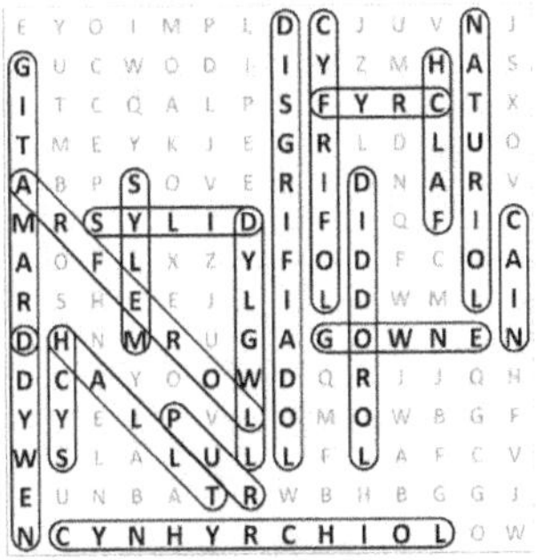

4 - Pesca

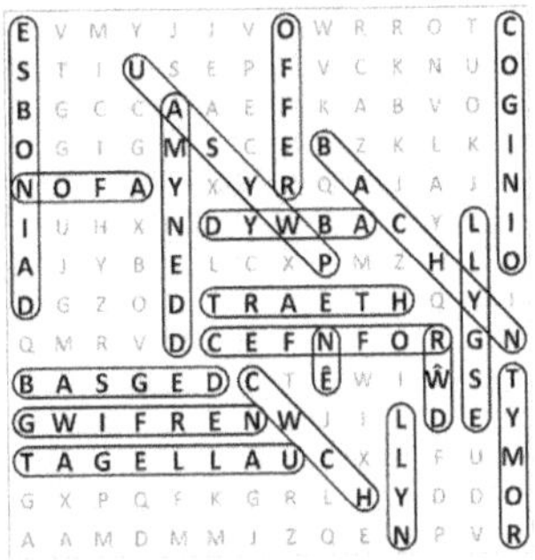

5 - Ingegneria

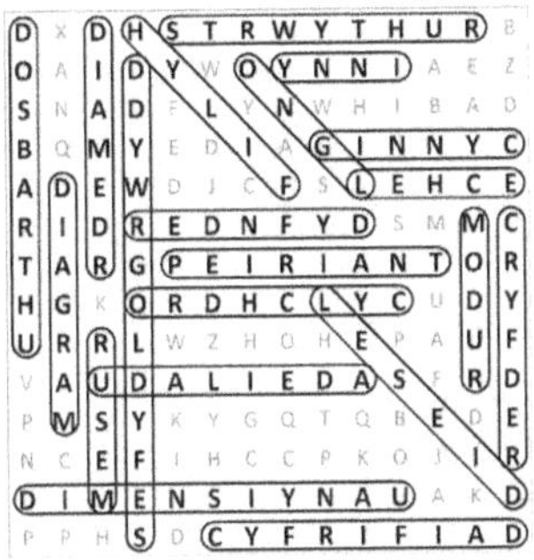

6 - Archeologia

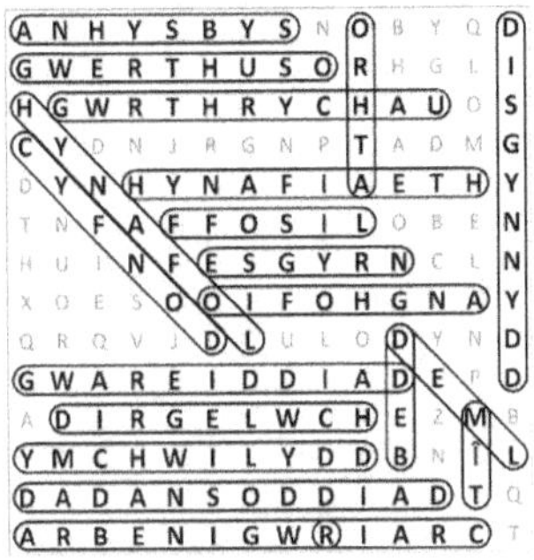

7 - Salute e Benessere #1

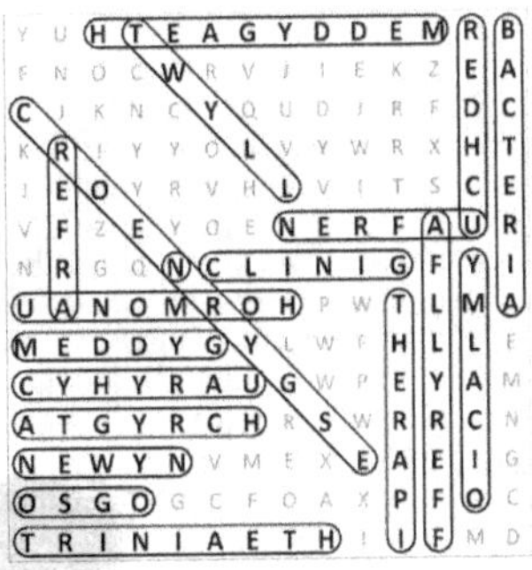

8 - Aggettivi #1

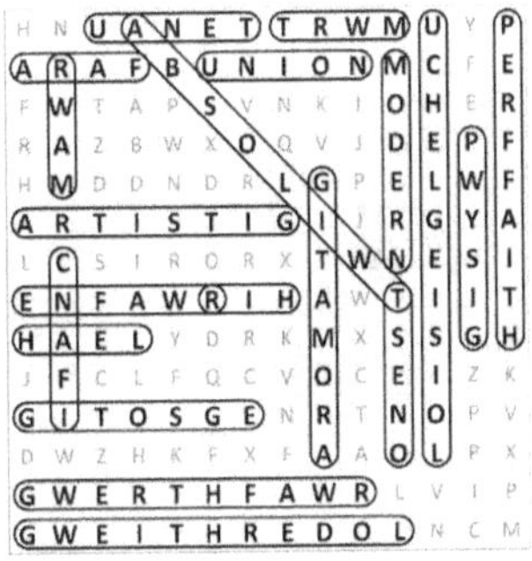

9 - Geologia

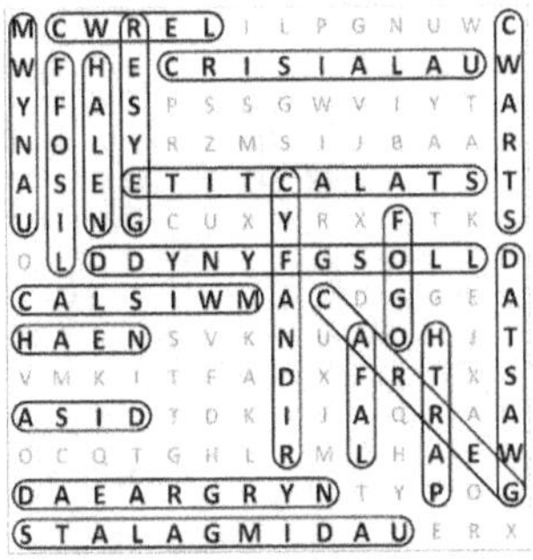

10 - Campeggio

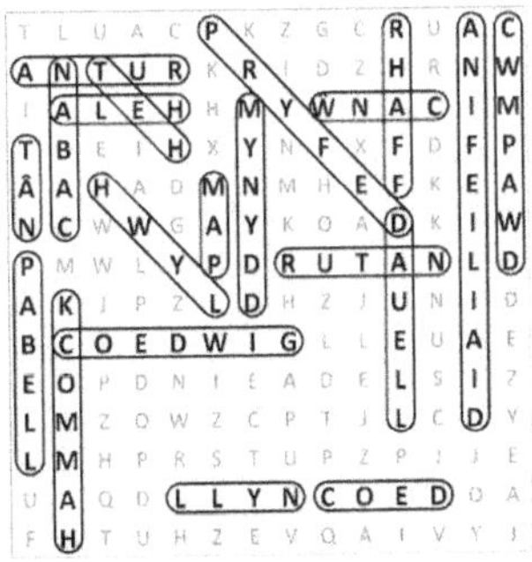

11 - Tempo

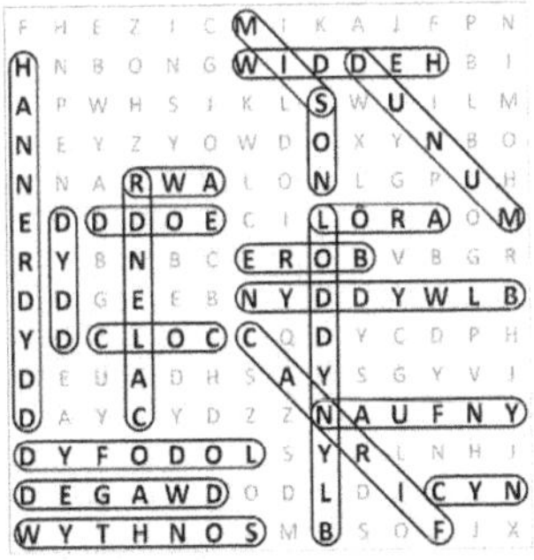

12 - Astronomia

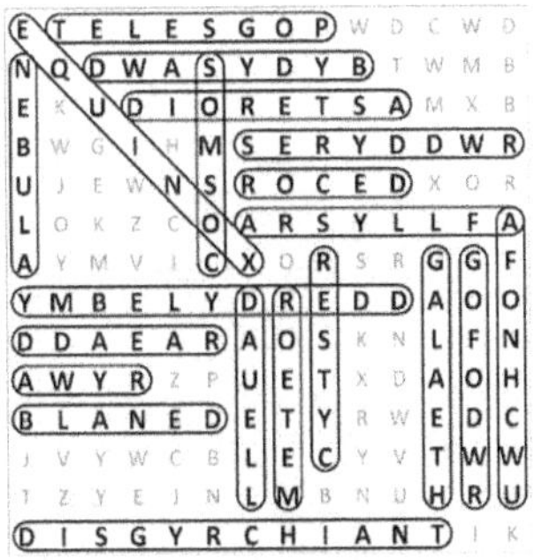

13 - Circo

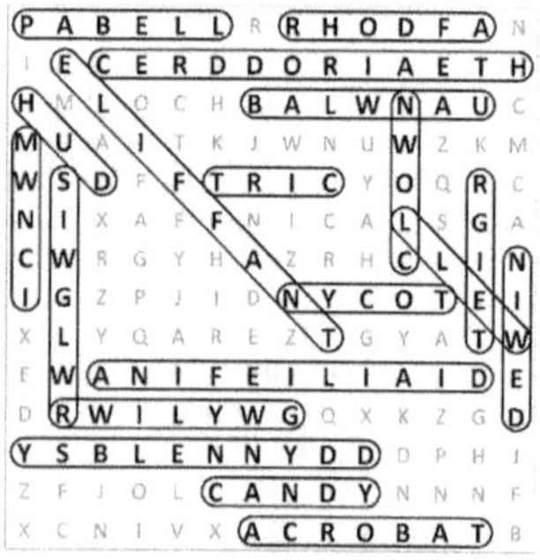

14 - Algebra

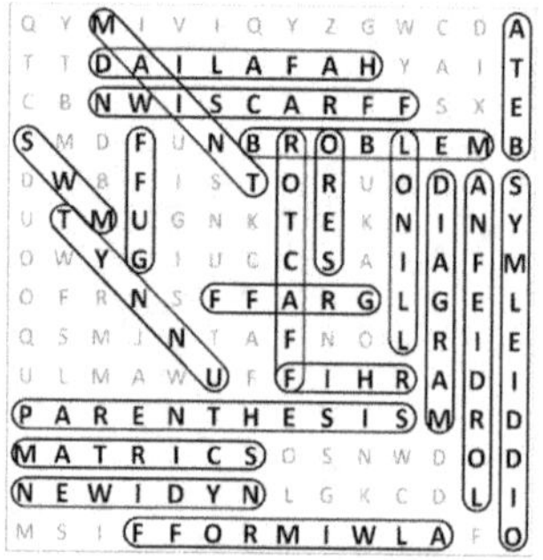

15 - Mitologia

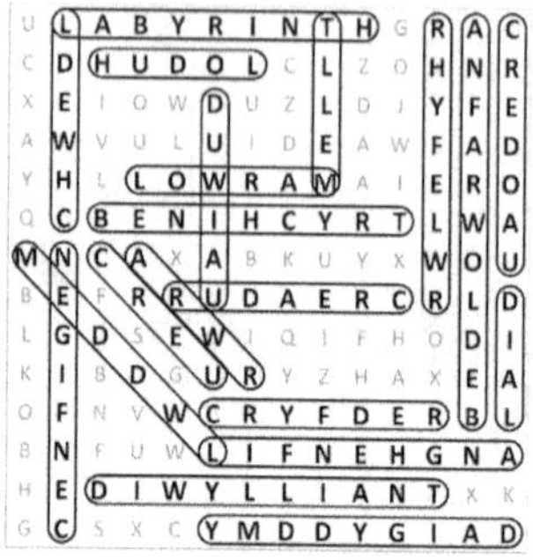

16 - Piante

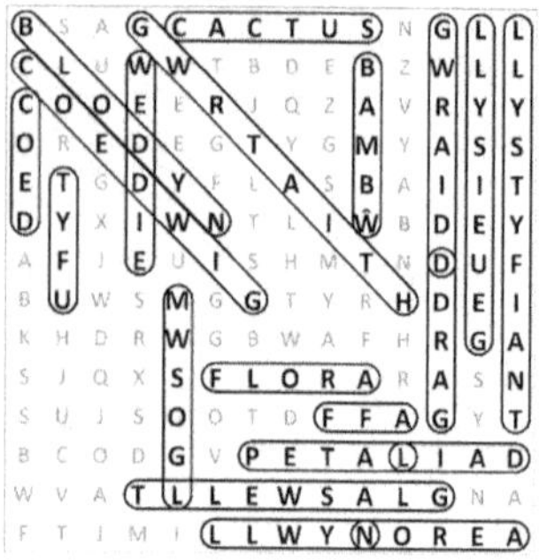

17 - Spezie

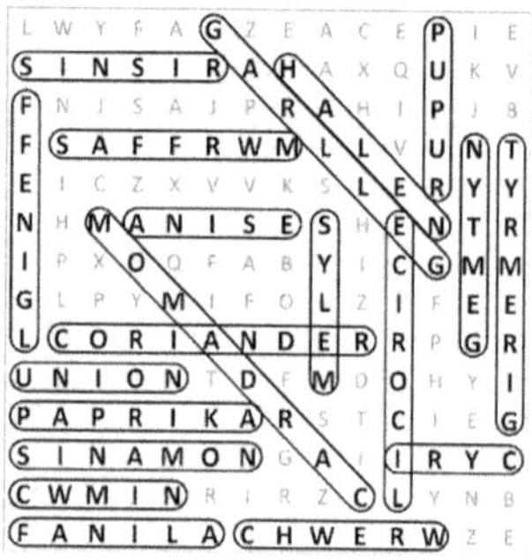

18 - Numeri

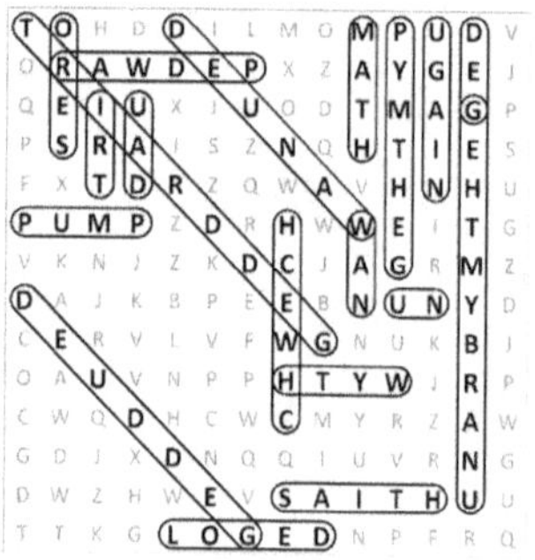

19 - Cioccolato

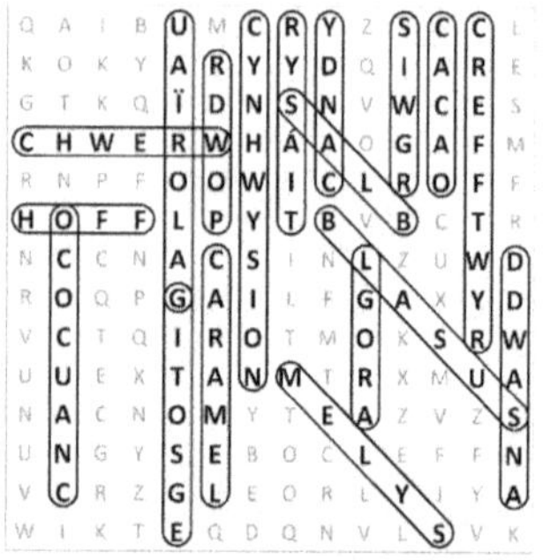

20 - Guida

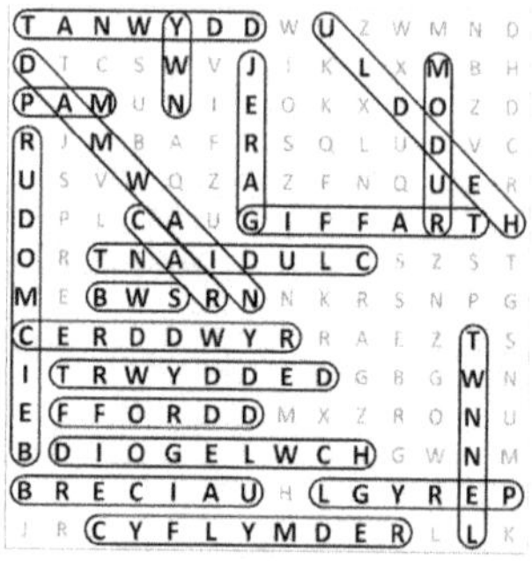

21 - I Media

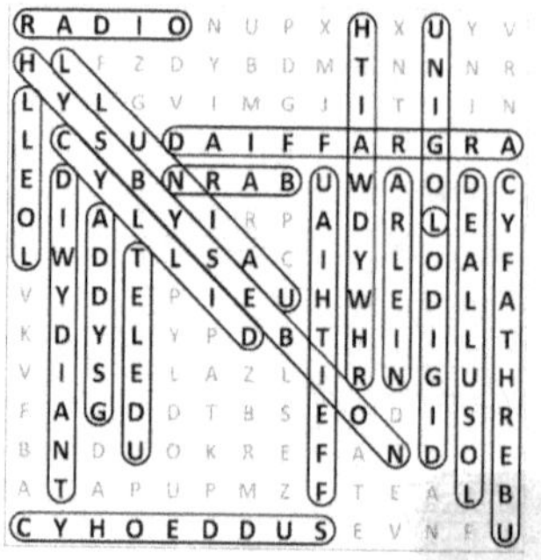

22 - Forza e Gravità

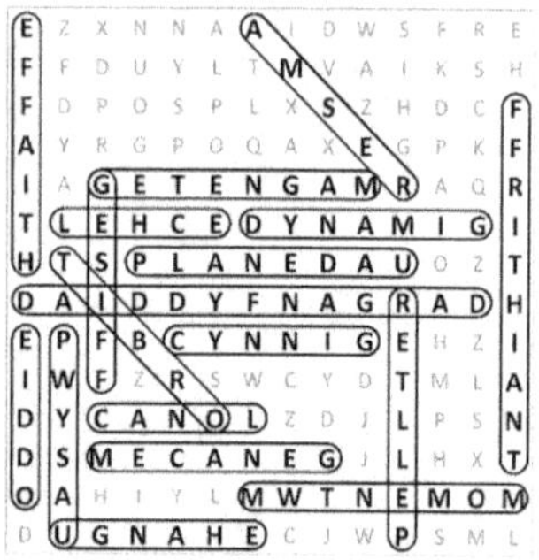

23 - Sport

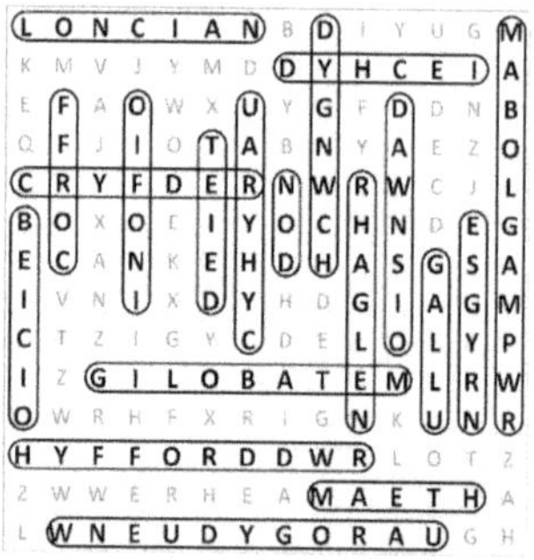

24 - Caffè

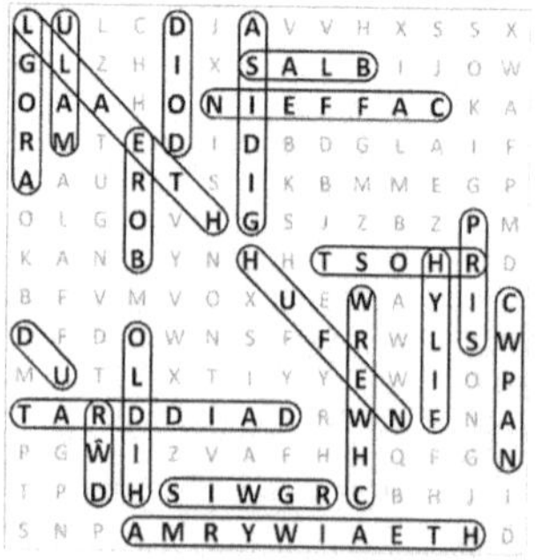

25 - Uccelli

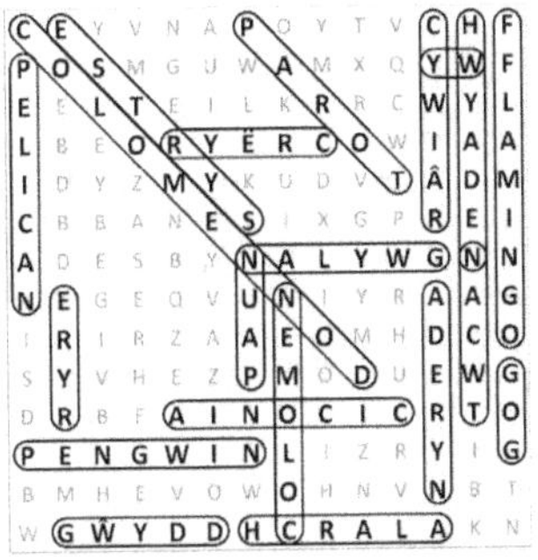

26 - Giorni e Mesi

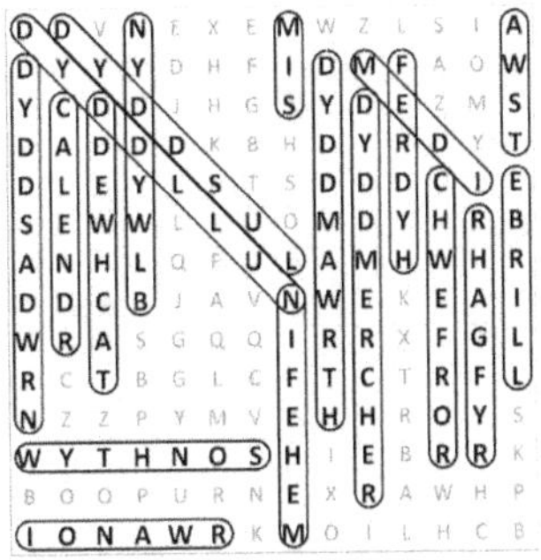

27 - Casa

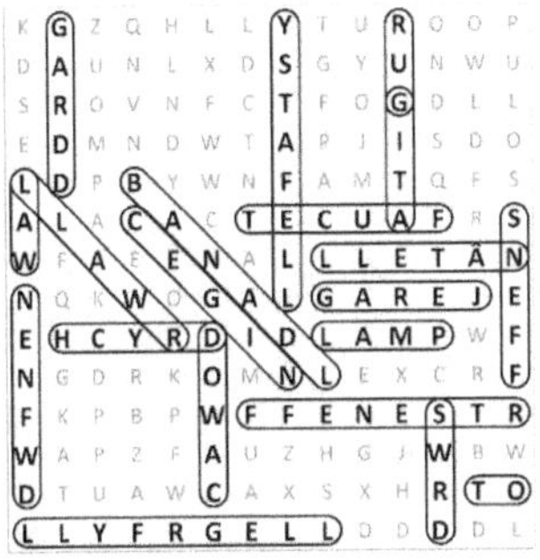

28 - Ristorante #1

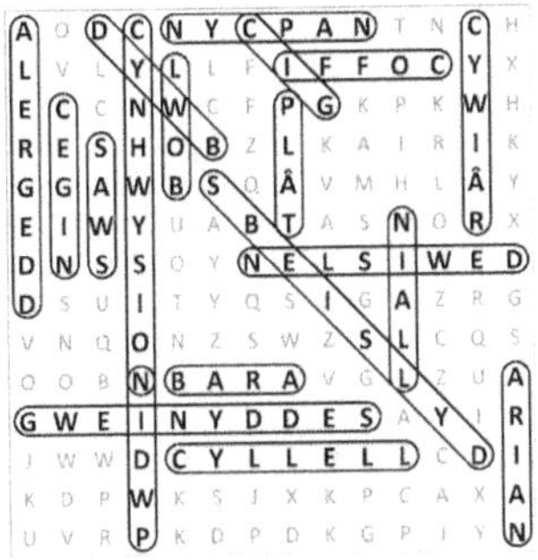

29 - Fantascienza

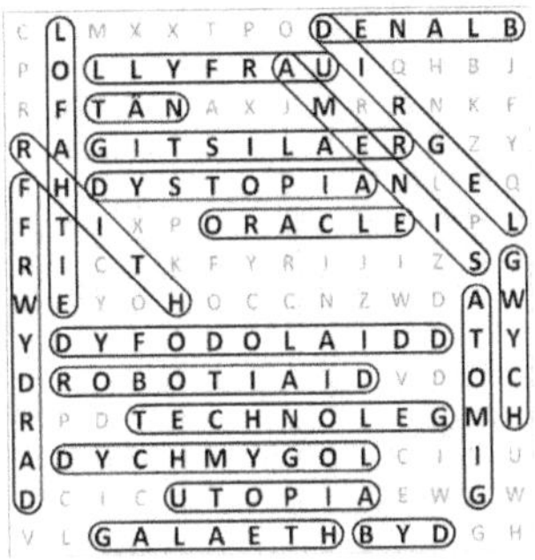

30 - Città

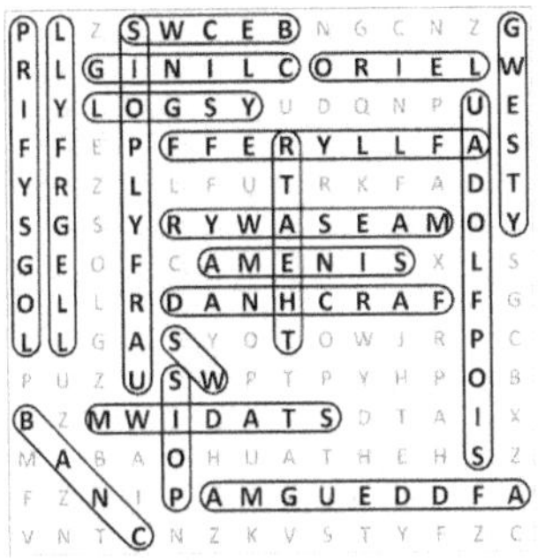

31 - Fattoria #1

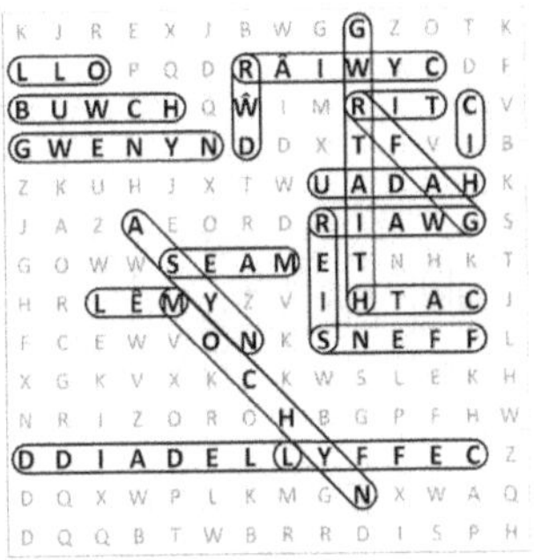

32 - Psicologia

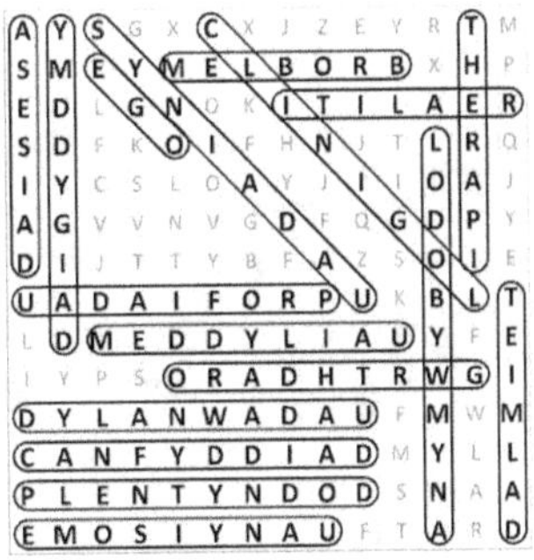

33 - Paesaggi

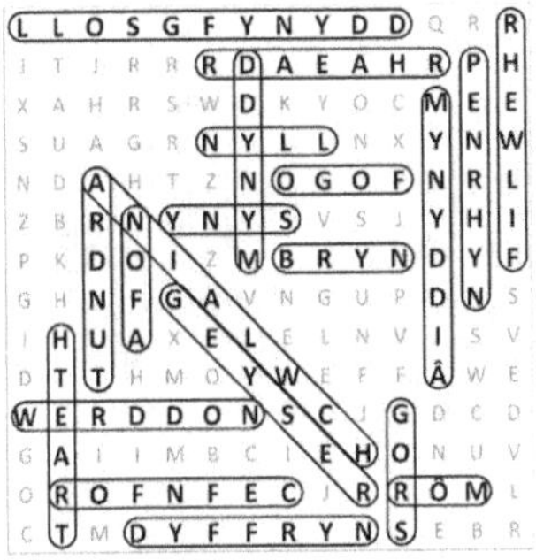

34 - Energia

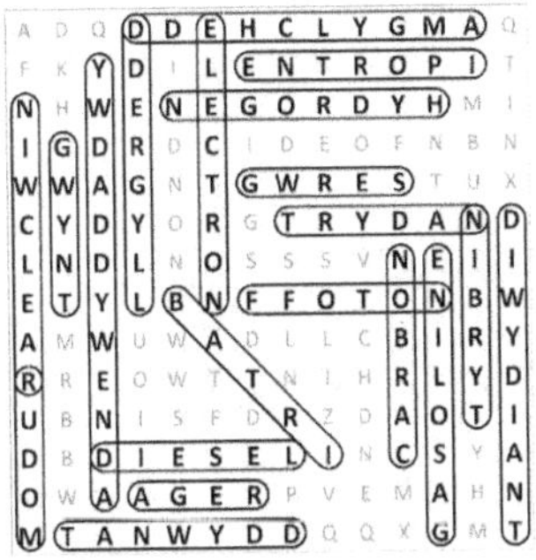

35 - Moda

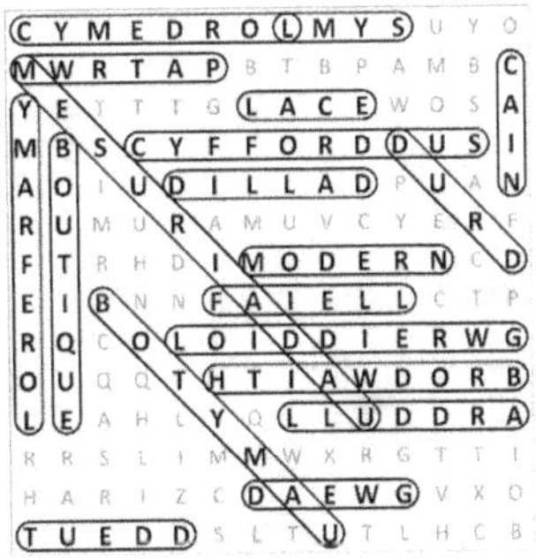

36 - L'Azienda

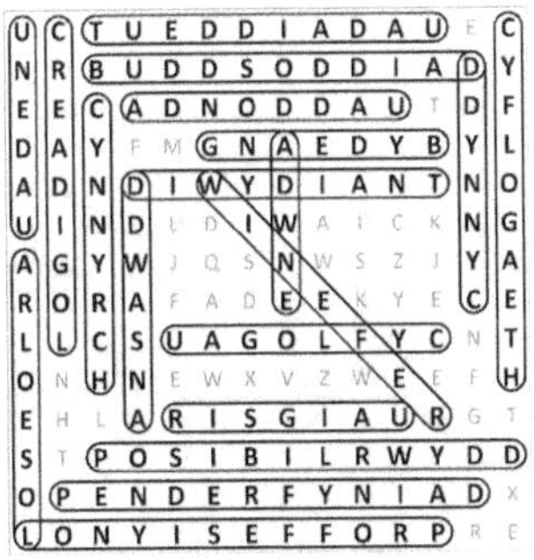

37 - Giardino

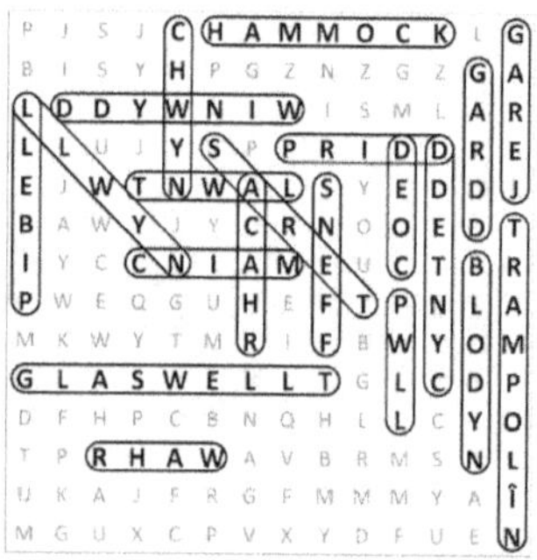

38 - Frutta

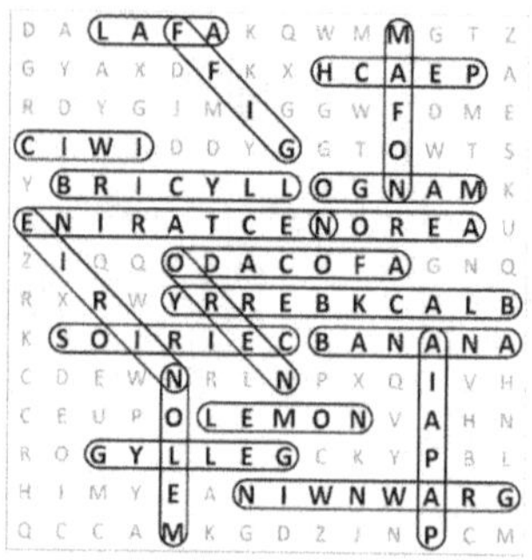

39 - Fattoria #2

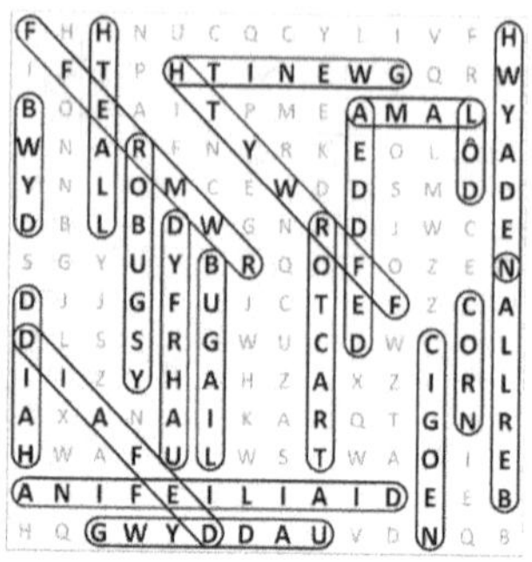

40 - Verdure

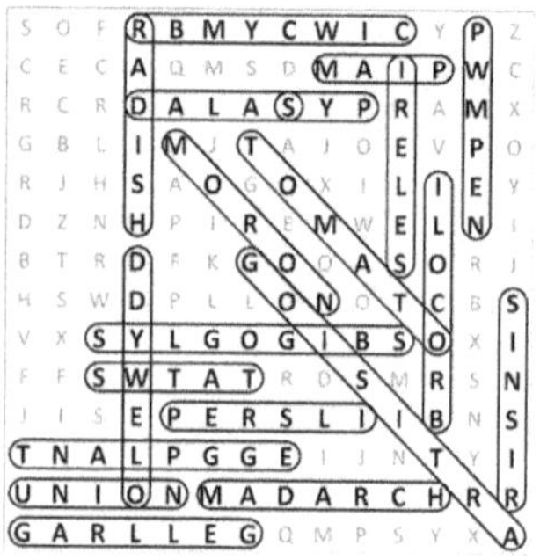

41 - Musica

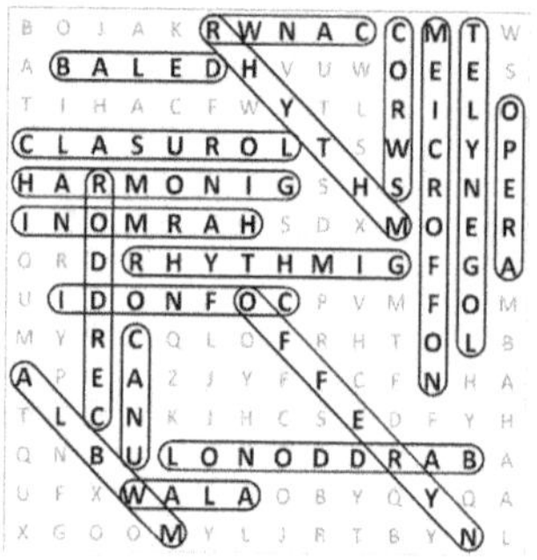

42 - Barbecue

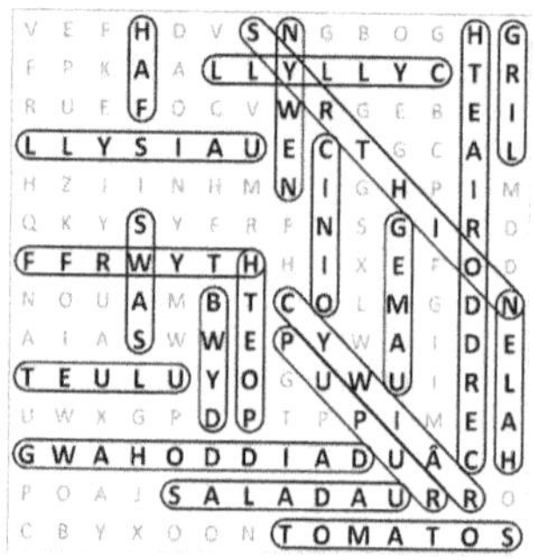

43 - Fisica

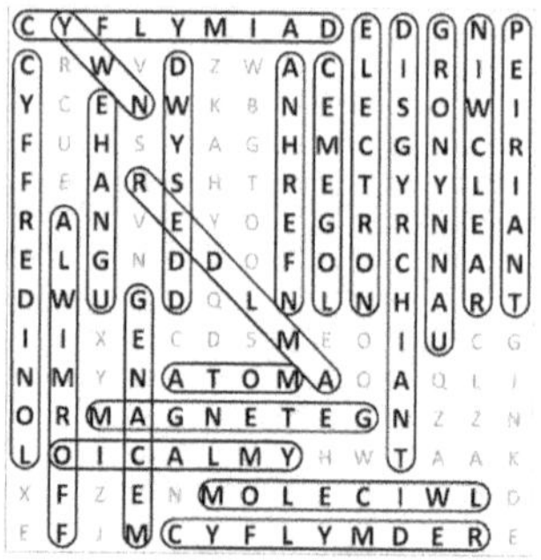

44 - Erboristeria

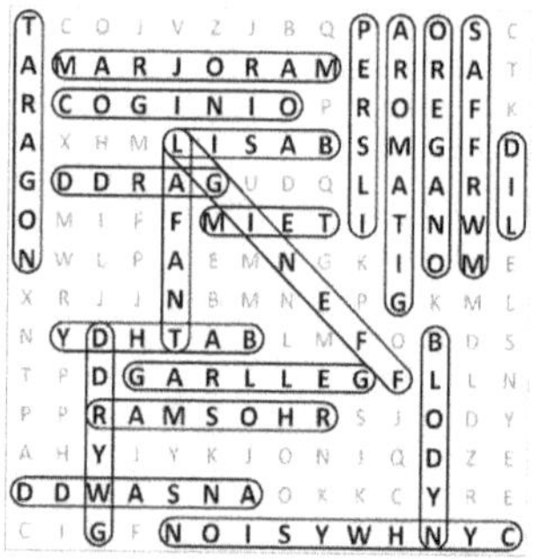

45 - Danza

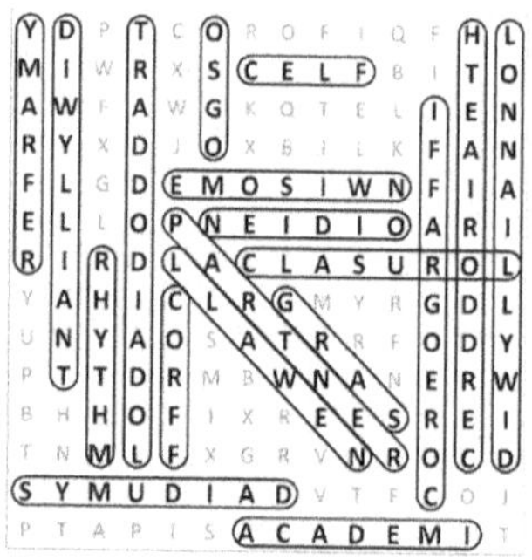

46 - Attività Commerciale

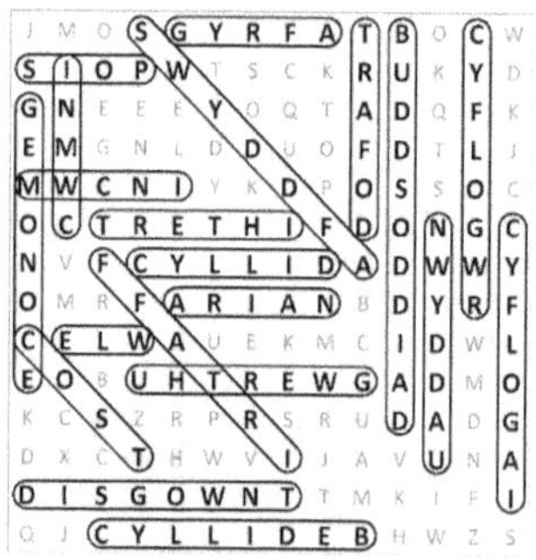

47 - Filantropia

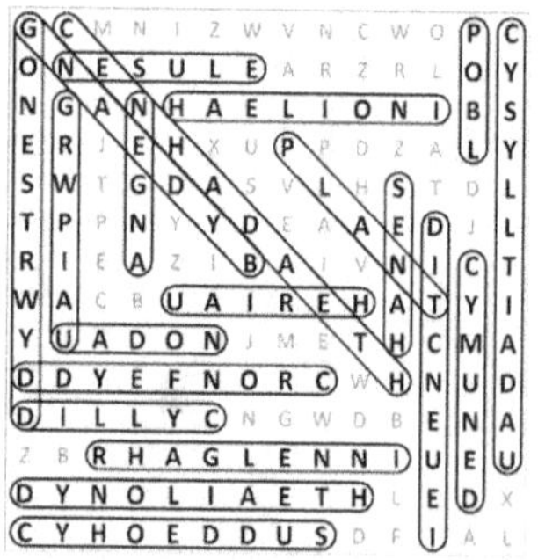

48 - Ecologia

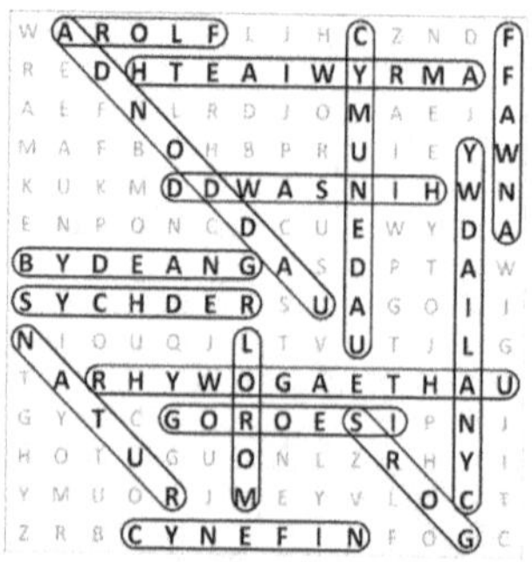

49 - Discipline Scientifiche

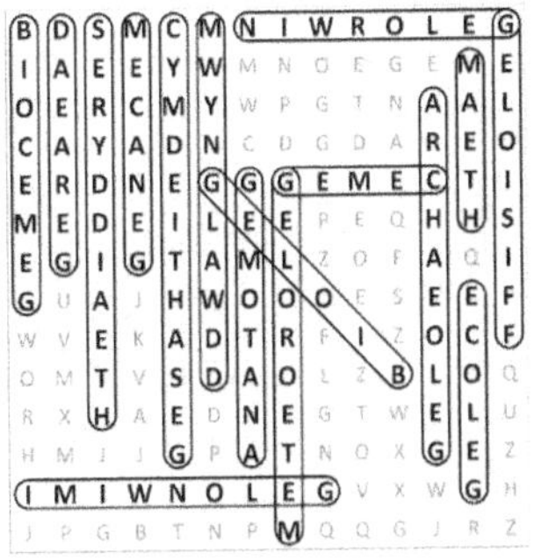

50 - Scienza

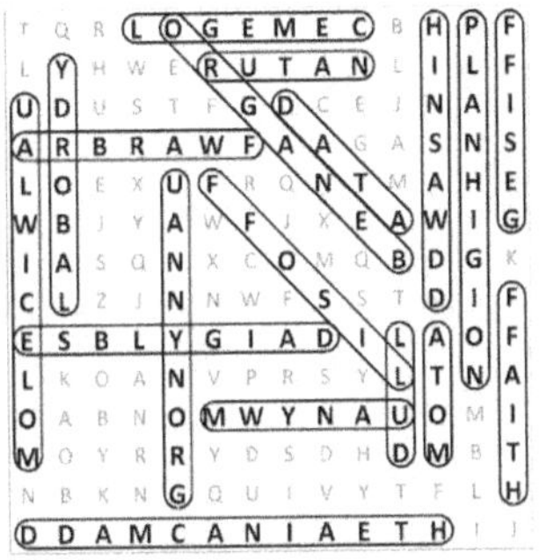

51 - Imbarcazioni

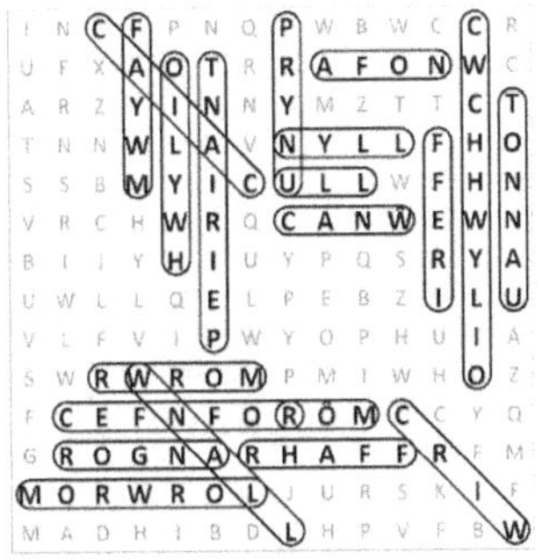

52 - Chimica

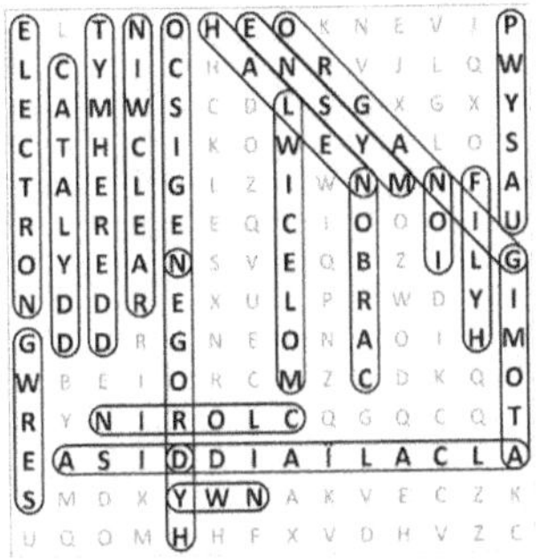

53 - Api

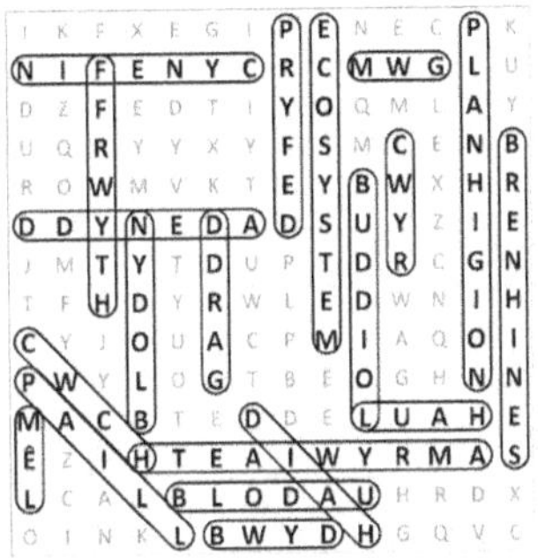

54 - Professioni #2

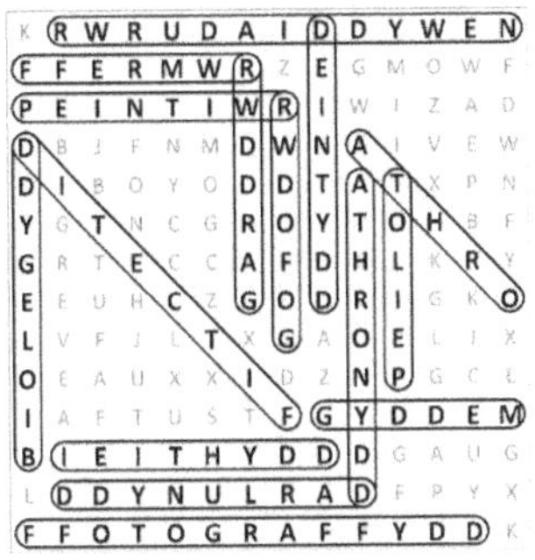

55 - Letteratura

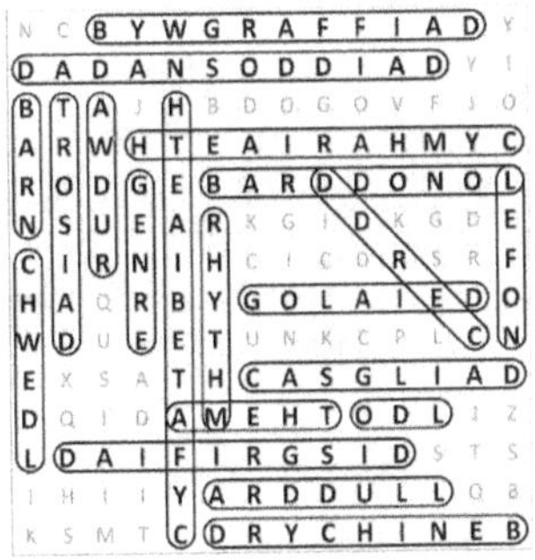

56 - Cibo #2

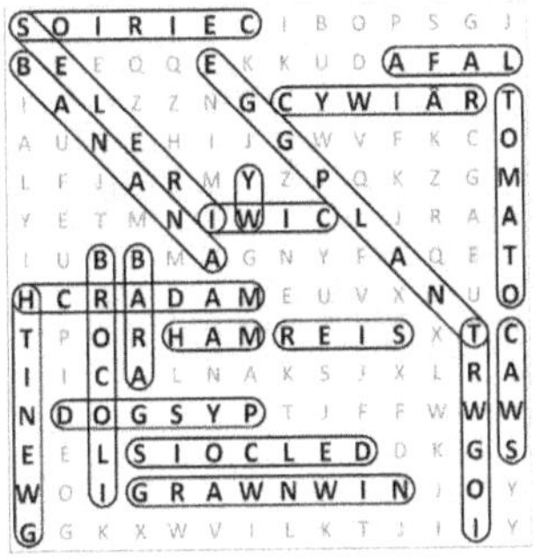

57 - Nutrizione

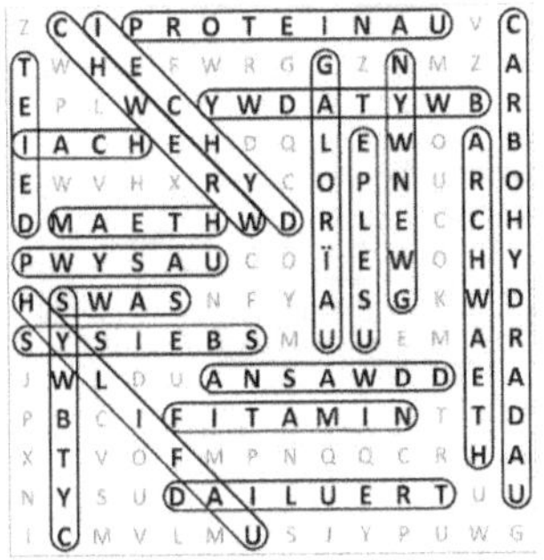

58 - Matematica

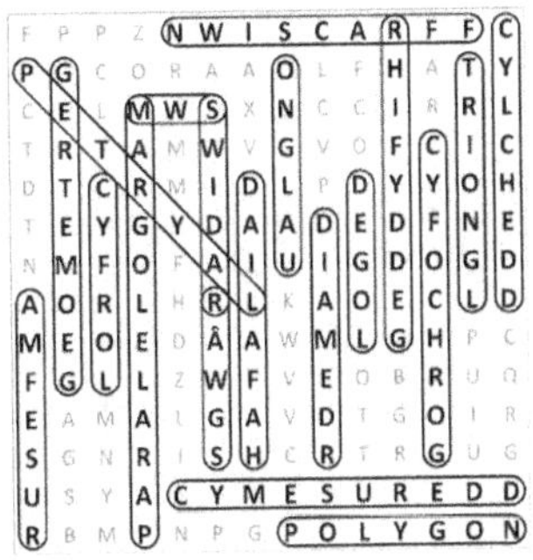

59 - Meditazione

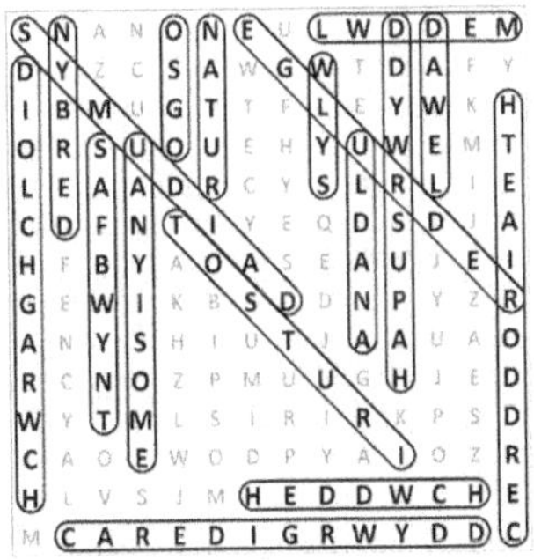

60 - Elettricità

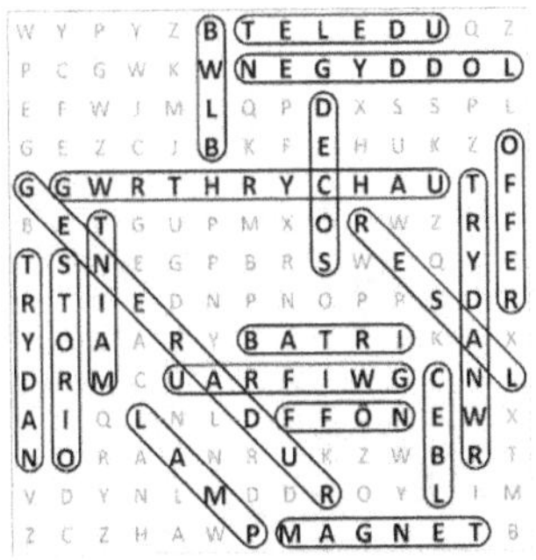

61 - Antiquariato

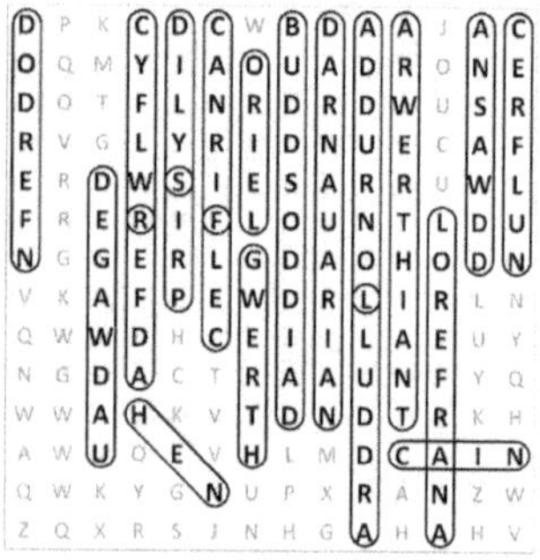

62 - Fotografia

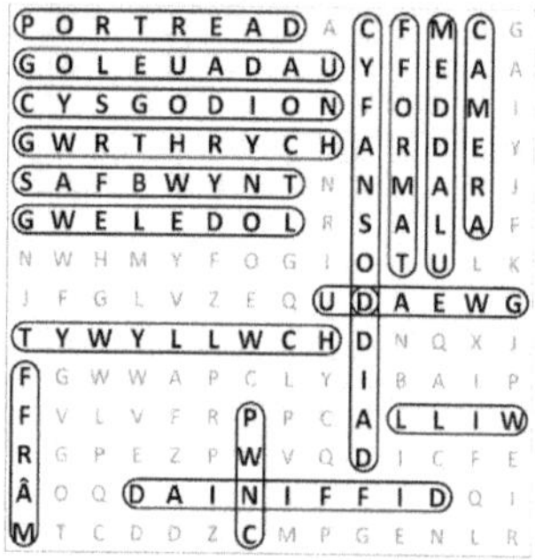

63 - Escursionismo

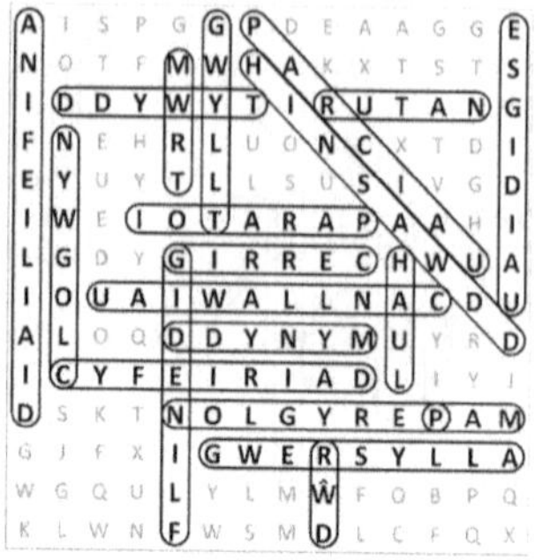

64 - Professioni #1

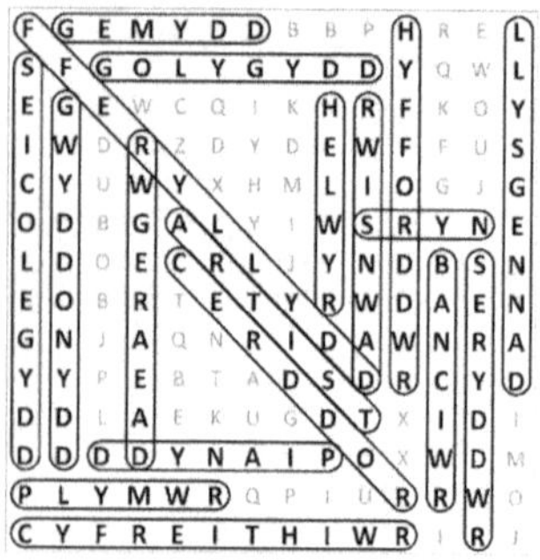

65 - Antartide

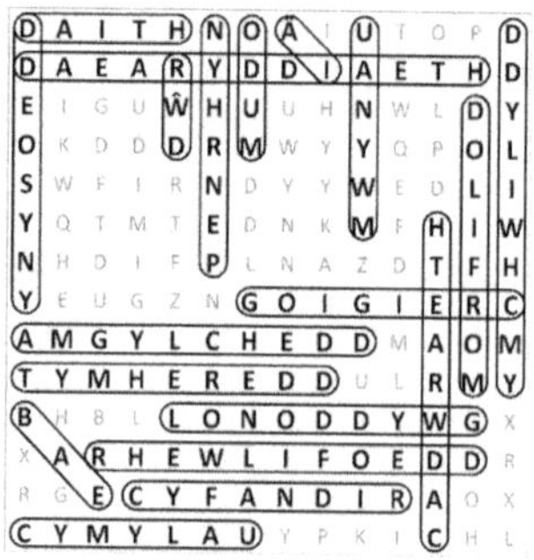

66 - Libri

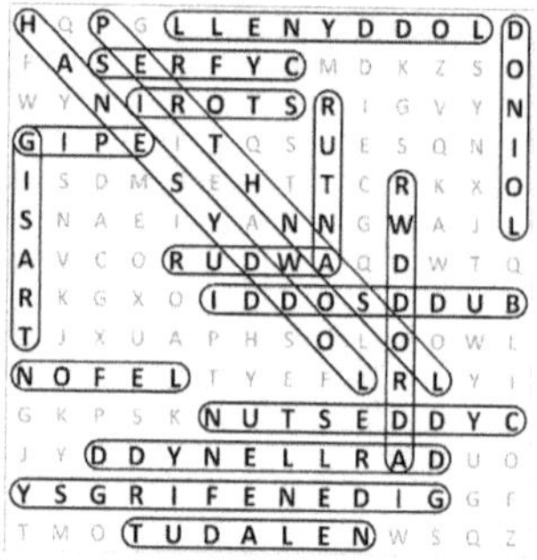

67 - Geografia

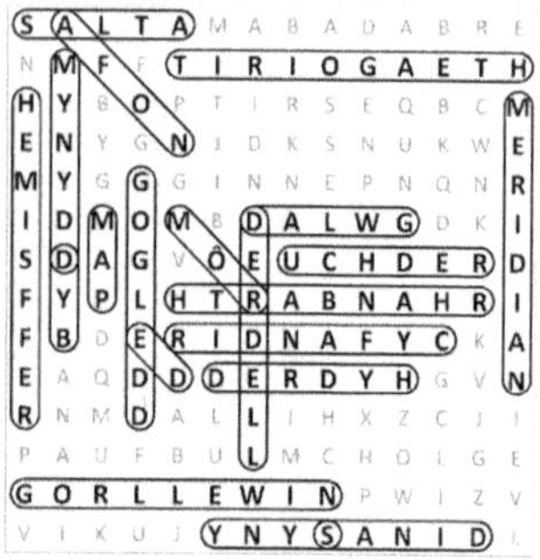

68 - Cibo #1

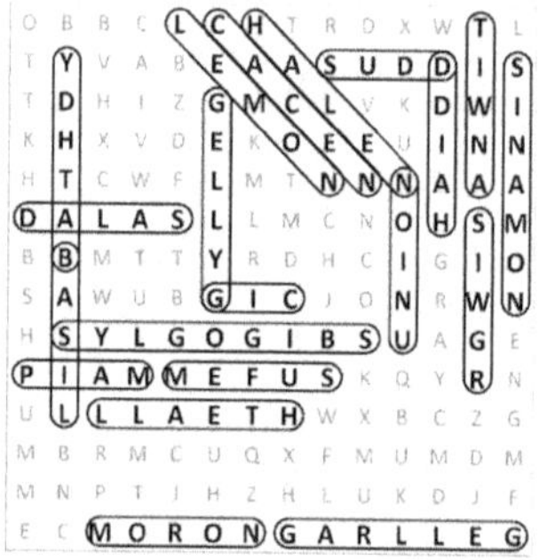

69 - Aeroplani

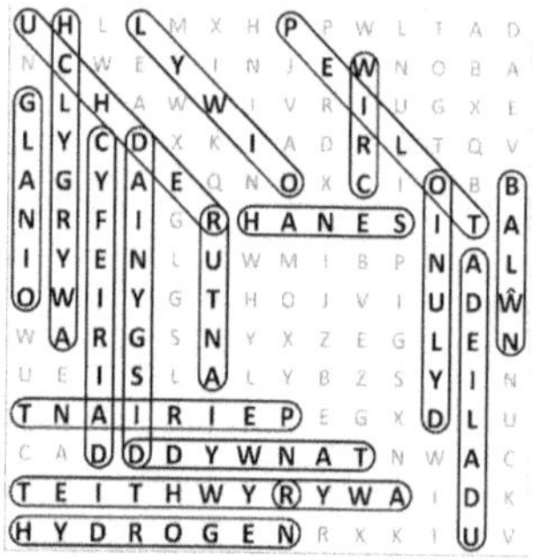

70 - Governo

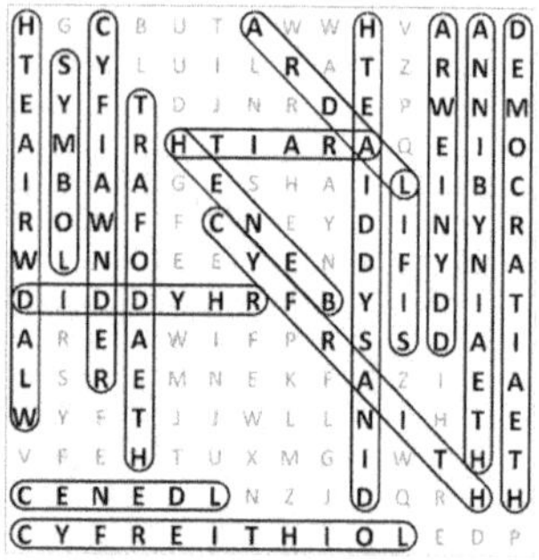

71 - Bellezza

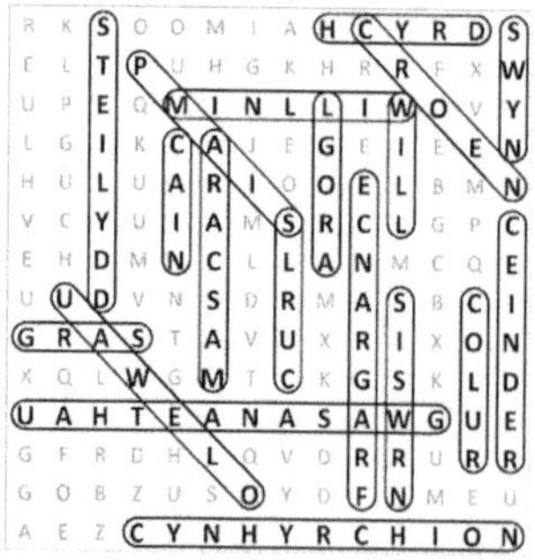

72 - Avventura

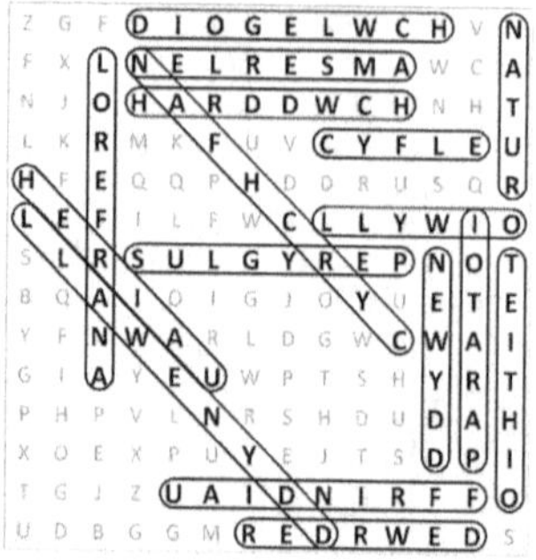

73 - Oceano

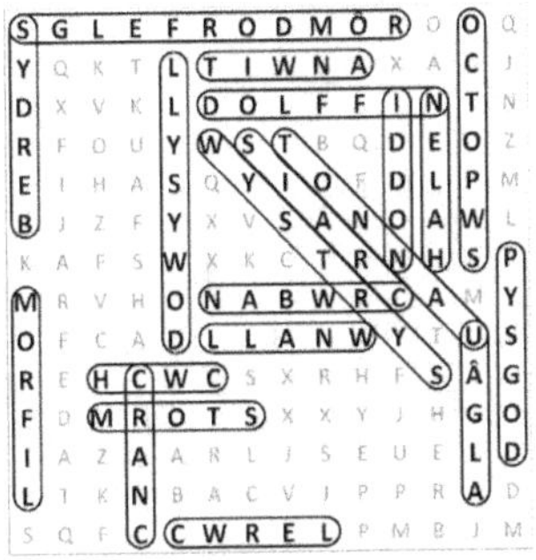

74 - Famiglia

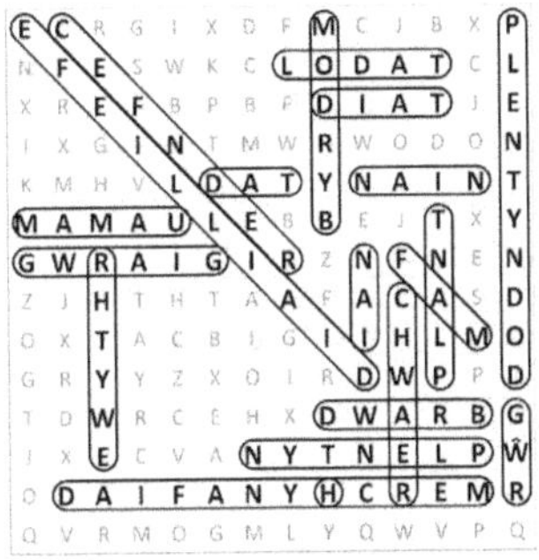

75 - Creatività

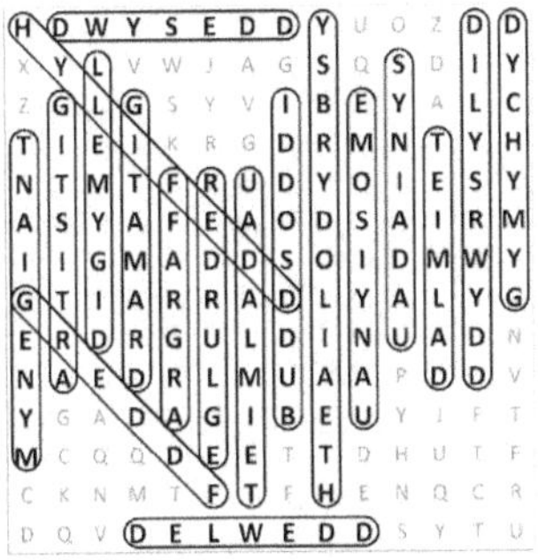

76 - Veicoli

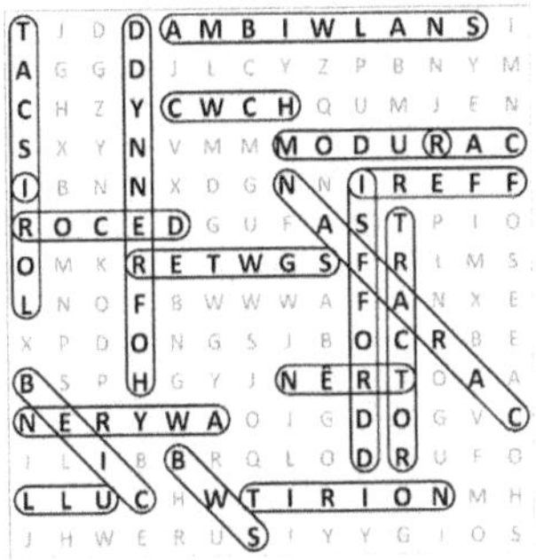

77 - Emozioni

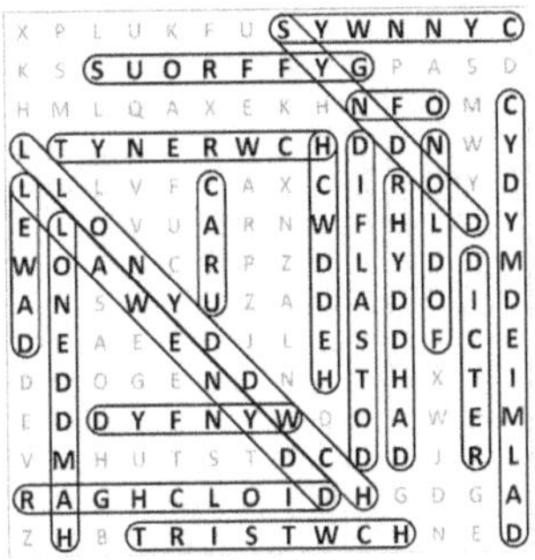

78 - Natura

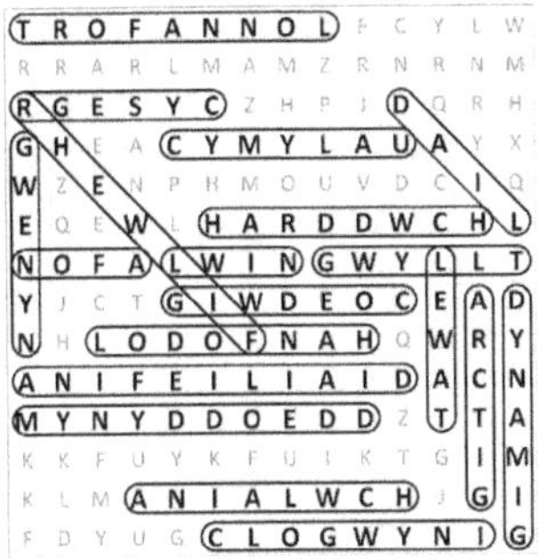

79 - Balletto

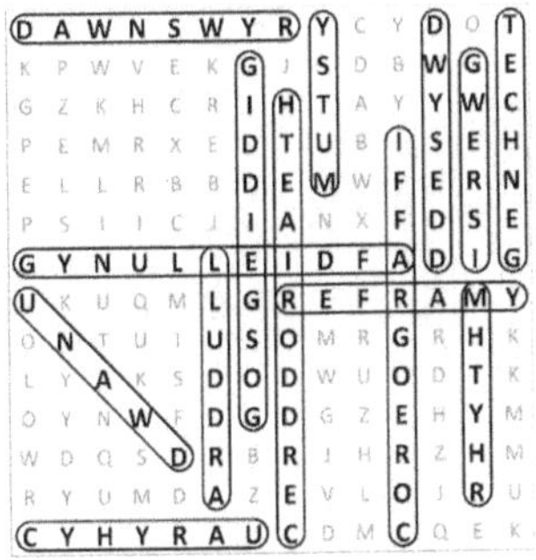

80 - Paesi #1

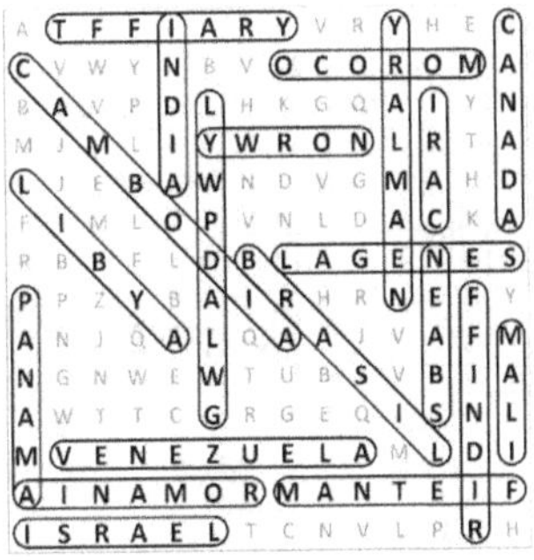

81 - Geometria

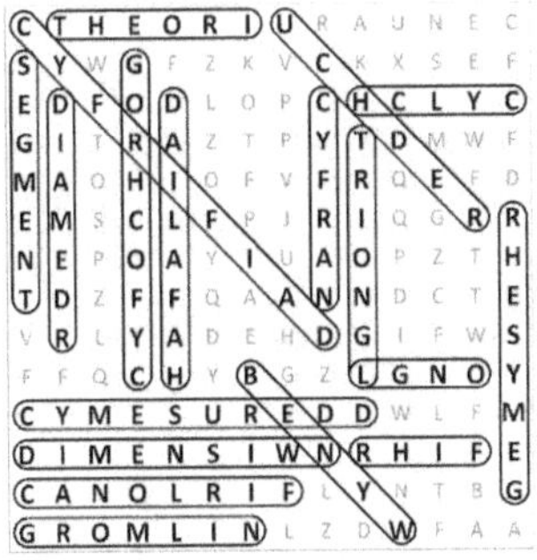

82 - Foresta Pluviale

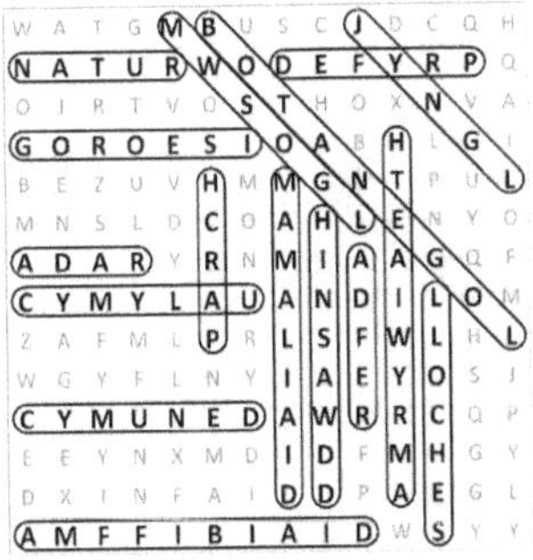

83 - Edifici

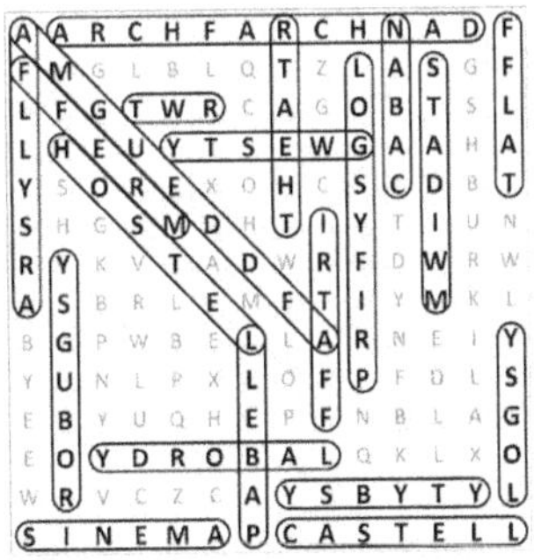

84 - Paesi #2

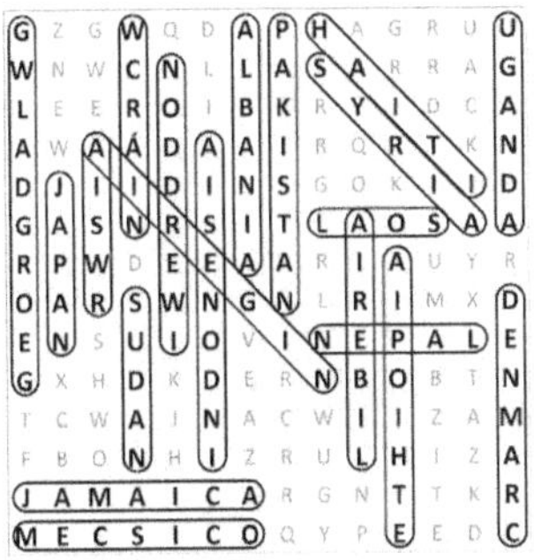

85 - Tipi di Capelli

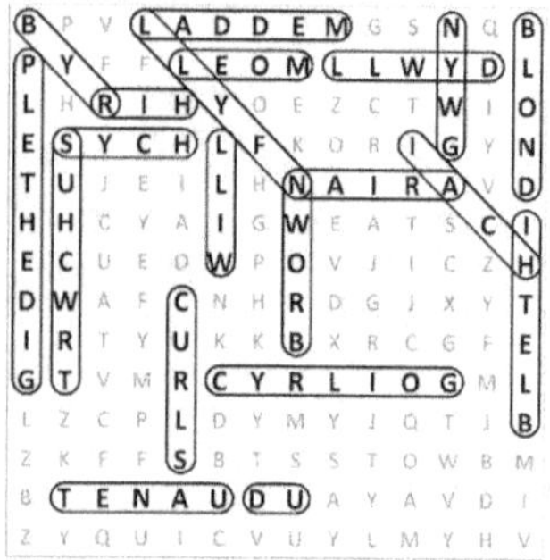

86 - Vestiti

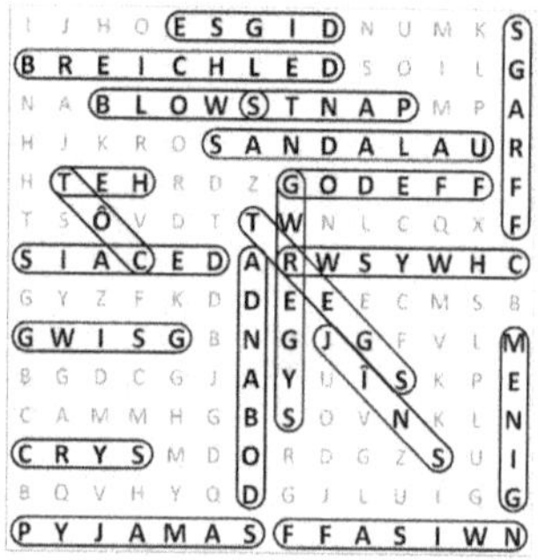

87 - Arte

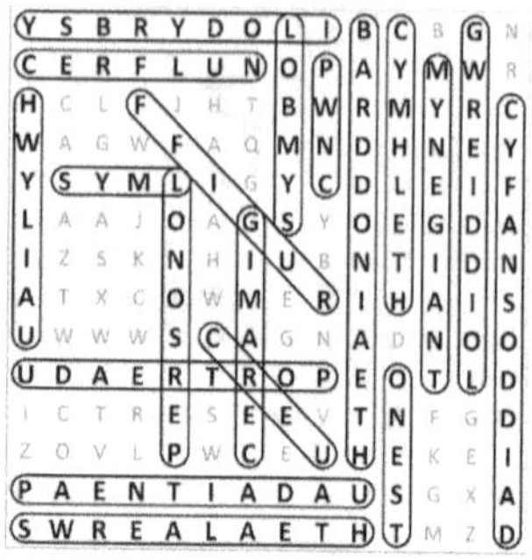

88 - Meteo

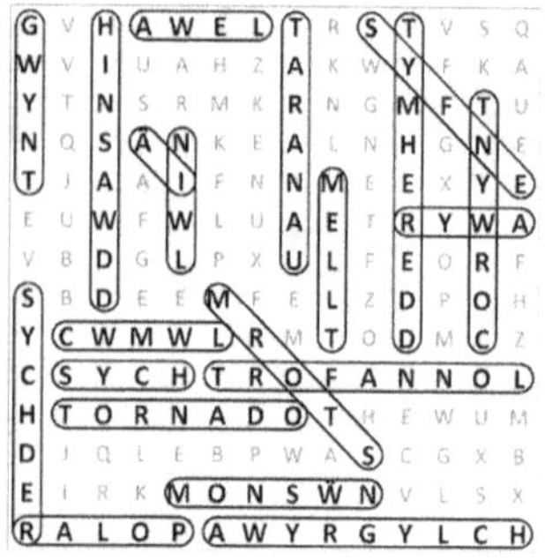

89 - Corpo Umano

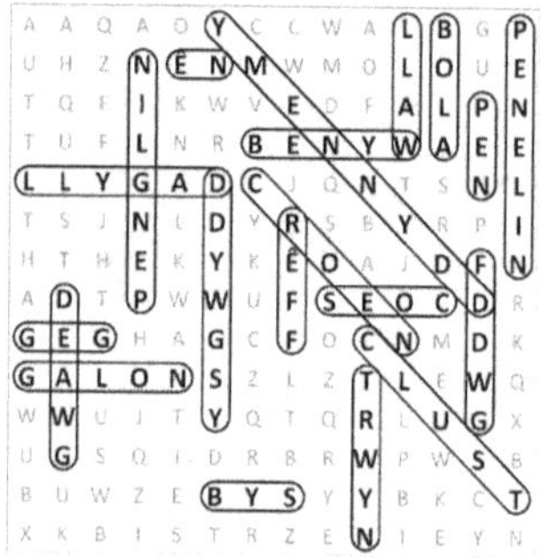

90 - Mammiferi

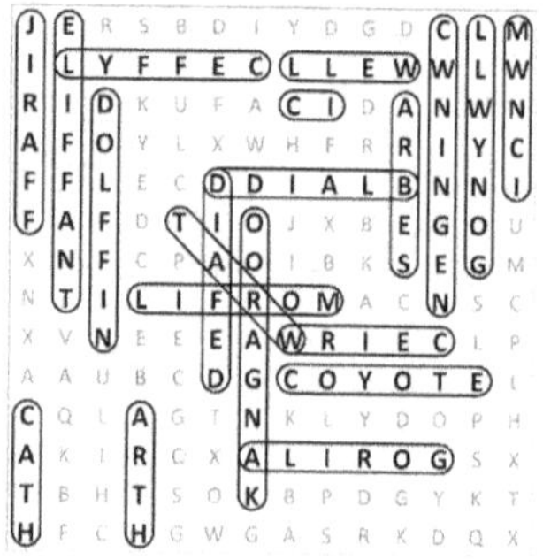

91 - Arrampicata

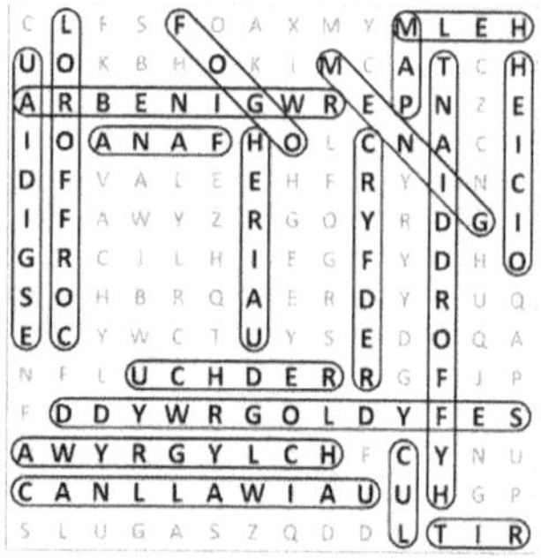

92 - Animali Domestici

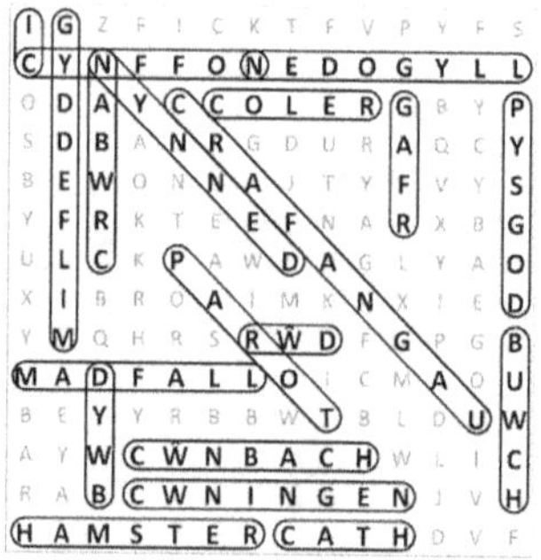

93 - Cucina

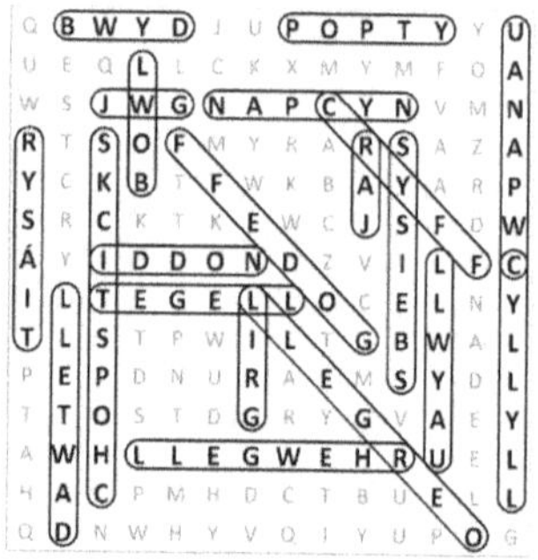

94 - Giardinaggio

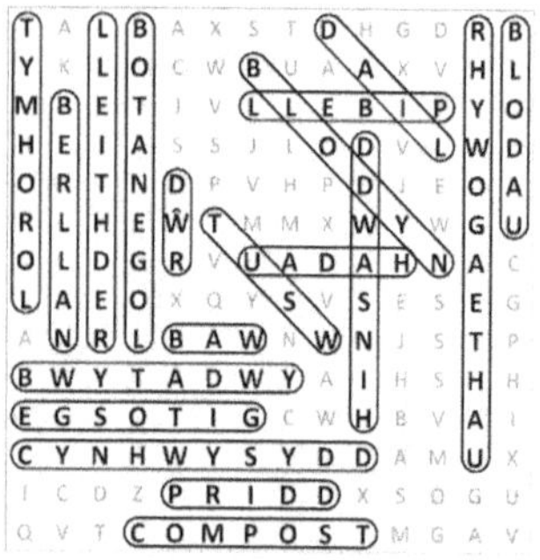

95 - Universo

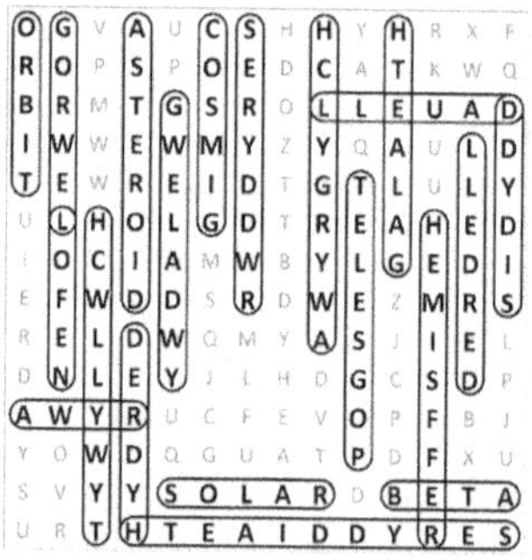

96 - Jazz

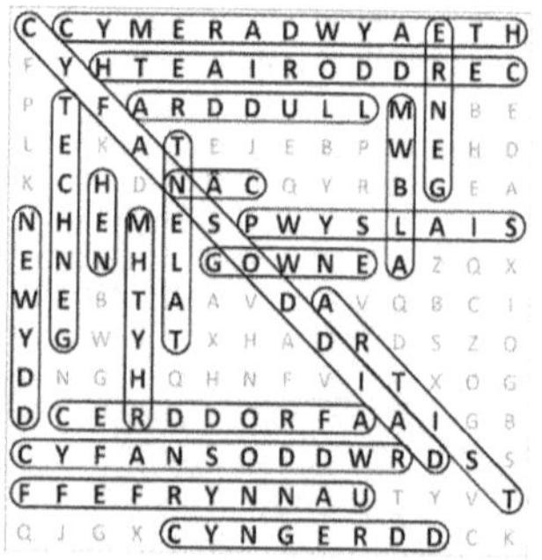

97 - Vacanze #2

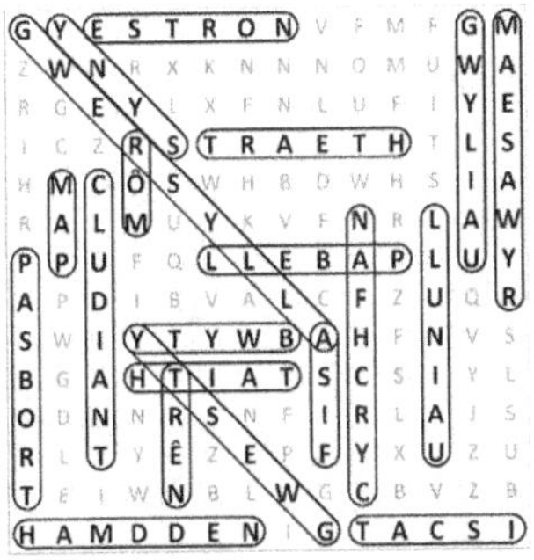

98 - Attività

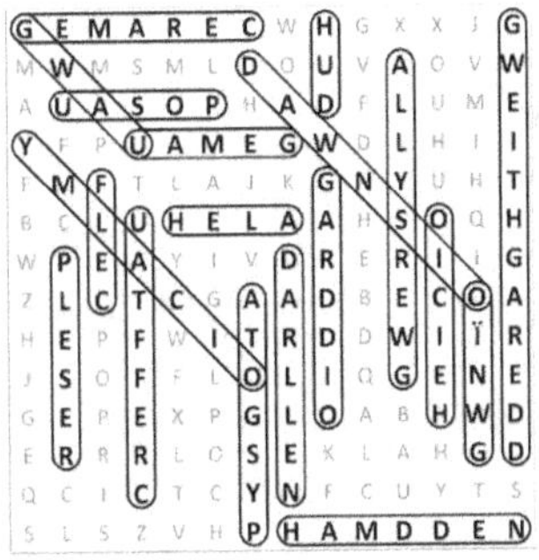

99 - Diplomazia

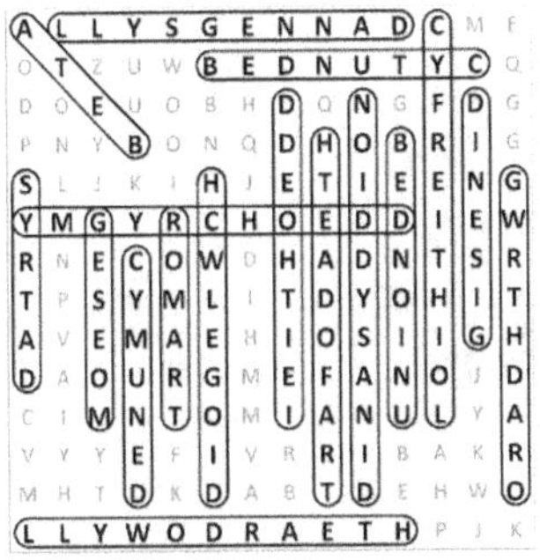

100 - Misurazioni

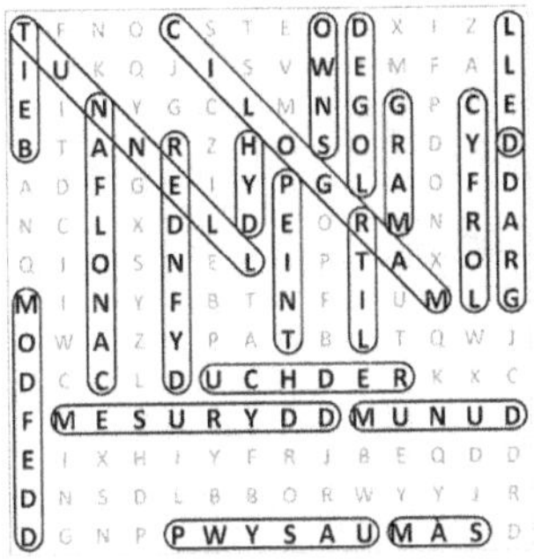

Dizionario

Aeroplani
Awyrennau

Altezza	Uchder
Atmosfera	Awyrgylch
Atterraggio	Glanio
Avventura	Antur
Carburante	Tanwydd
Cielo	Awyr
Costruzione	Adeiladu
Design	Dylunio
Direzione	Cyfeiriad
Discesa	Disgyniad
Equipaggio	Criw
Gonfiare	Chwyddo
Idrogeno	Hydrogen
Motore	Peiriant
Navigare	Lywio
Palloncino	Balŵn
Passeggero	Teithwyr
Pilota	Peilot
Storia	Hanes
Turbolenza	Cynnwrf

Aggettivi #1
Ansoddeiriau # 1

Ambizioso	Uchelgeisiol
Aromatico	Aromatig
Artistico	Artistig
Assoluto	Absoliwt
Attivo	Gweithredol
Enorme	Enfawr
Esotico	Egsotig
Generoso	Hael
Giovane	Ifanc
Grande	Mawr
Identico	Union
Importante	Pwysig
Lento	Araf
Lungo	Hir
Moderno	Modern
Onesto	Onest
Perfetto	Perffaith
Pesante	Trwm
Prezioso	Gwerthfawr
Sottile	Tenau

Aggettivi #2
Ansoddeiriau # 2

Affamato	Llwglyd
Asciutto	Sych
Autentico	Dilys
Creativo	Creadigol
Descrittivo	Disgrifiadol
Dolce	Melys
Drammatico	Dramatig
Elegante	Cain
Famoso	Enwog
Forte	Cryf
Interessante	Diddorol
Naturale	Naturiol
Normale	Arferol
Nuovo	Newydd
Orgoglioso	Falch
Produttivo	Cynhyrchiol
Puro	Pur
Responsabile	Cyfrifol
Salato	Hallt
Sano	Iach

Algebra
Algebra

Diagramma	Diagram
Equazione	Hafaliad
Falso	Ffug
Fattore	Ffactor
Formula	Fformiwla
Frazione	Ffracsiwn
Grafico	Graff
Infinito	Anfeidrol
Lineare	Llinol
Matrice	Matrics
Numero	Rhif
Parentesi	Parenthesis
Problema	Broblem
Quantità	Maint
Semplificare	Symleiddio
Soluzione	Ateb
Somma	Swm
Sottrazione	Tynnu
Variabile	Newidyn
Zero	Sero

Animali Domestici
Anifeiliaid Anwes

Acqua	Dŵr
Artigli	Crafangau
Cane	Ci
Capra	Gafr
Cibo	Bwyd
Coda	Cynffon
Collare	Coler
Coniglio	Cwningen
Criceto	Hamster
Cucciolo	Cŵn Bach
Gatto	Cath
Guinzaglio	Dennyn
Lucertola	Madfall
Mucca	Buwch
Pappagallo	Parot
Pesce	Pysgod
Tartaruga	Crwban
Topo	Llygoden
Veterinario	Milfeddyg

Antartide
Antarctica

Acqua	Dŵr
Ambiente	Amgylchedd
Baia	Bae
Balene	Morfilod
Conservazione	Cadwraeth
Continente	Cyfandir
Geografia	Daearyddiaeth
Ghiacciai	Rhewlifoedd
Ghiaccio	Iâ
Isole	Ynysoedd
Migrazione	Mudo
Minerali	Mwynau
Nuvole	Cymylau
Penisola	Penrhyn
Ricercatore	Ymchwilydd
Roccioso	Creigiog
Scientifico	Gwyddonol
Spedizione	Daith
Temperatura	Tymheredd
Topografia	Topograffeg

Antiquariato
Hynafiaethau

Arte	Celf
Asta	Arwerthiant
Autentico	Dilys
Condizione	Cyflwr
Decenni	Degawdau
Decorativo	Addurnol
Elegante	Cain
Galleria	Oriel
Insolito	Anarferol
Investimento	Buddsoddiad
Mobilio	Dodrefn
Monete	Darnau Arian
Prezzo	Pris
Qualità	Ansawdd
Restauro	Adfer
Scultura	Cerflun
Secolo	Canrif
Stile	Arddull
Valore	Gwerth
Vecchio	Hen

Api
Gwenyn

Ali	Adenydd
Alveare	Cwch
Benefico	Buddiol
Cera	Cwyr
Cibo	Bwyd
Diversità	Amrywiaeth
Ecosistema	Ecosystem
Fiori	Blodau
Fiorire	Blodyn
Frutta	Ffrwyth
Fumo	Mwg
Giardino	Gardd
Habitat	Cynefin
Insetto	Pryfed
Miele	Mêl
Piante	Planhigion
Polline	Paill
Regina	Brenhines
Sciame	Haid
Sole	Haul

Archeologia
Archeoleg

Analisi	Dadansoddiad
Antichità	Hynafiaeth
Antico	Hynafol
Civiltà	Gwareiddiad
Dimenticato	Anghofio
Discendente	Disgynnydd
Era	Cyfnod
Esperto	Arbenigwr
Fossile	Ffosil
Mistero	Dirgelwch
Oggetti	Gwrthrychau
Ossa	Esgyrn
Professore	Athro
Reliquia	Crair
Ricercatore	Ymchwilydd
Sconosciuto	Anhysbys
Squadra	Tîm
Tempio	Deml
Tomba	Bedd
Valutazione	Gwerthuso

Arrampicata
Dringo

Altitudine	Uchder
Atmosfera	Awyrgylch
Casco	Helm
Curiosità	Chwilfrydedd
Escursioni	Heicio
Esperto	Arbenigwr
Fisico	Corfforol
Formazione	Hyfforddiant
Forza	Cryfder
Grotta	Ogof
Guanti	Menig
Guide	Canllawiau
Lesione	Anaf
Mappa	Map
Sfide	Heriau
Stabilità	Sefydlogrwydd
Stivali	Esgidiau
Stretto	Cul
Terreno	Tir

Arte
Celf

Ceramica	Ceramig
Complesso	Cymhleth
Composizione	Cyfansoddiad
Creare	Creu
Dipinti	Paentiadau
Espressione	Mynegiant
Figura	Ffigur
Ispirato	Ysbrydoli
Onesto	Onest
Originale	Gwreiddiol
Personale	Personol
Poesia	Barddoniaeth
Ritrarre	Portreadu
Scultura	Cerflun
Semplice	Syml
Simbolo	Symbol
Soggetto	Pwnc
Surrealismo	Swrealaeth
Umore	Hwyliau
Visivo	Gweledol

Astronomia
Seryddiaeth

Asteroide	Asteroid
Astronauta	Gofodwr
Astronomo	Seryddwr
Cielo	Awyr
Cosmo	Cosmos
Costellazione	Cytser
Equinozio	Equinox
Galassia	Galaeth
Gravità	Disgyrchiant
Luna	Lleuad
Meteora	Meteor
Nebulosa	Nebula
Osservatorio	Arsyllfa
Pianeta	Blaned
Radiazione	Ymbelydredd
Razzo	Roced
Supernova	Uwchnofa
Telescopio	Telesgop
Terra	Ddaear
Universo	Bydysawd

Attività
Gweithgareddau

Arte	Celf
Artigianato	Crefftau
Attività	Gweithgaredd
Caccia	Hela
Campeggio	Gwersylla
Ceramica	Cerameg
Cucire	Gwnïo
Danza	Dawnsio
Escursioni	Heicio
Giardinaggio	Garddio
Giochi	Gemau
Interessi	Diddordebau
Lettura	Darllen
Magia	Hud
Maglieria	Gwau
Pesca	Pysgota
Piacere	Pleser
Puzzle	Posau
Rilassamento	Ymlacio
Tempo Libero	Hamdden

Attività Commerciale
Busnes

Bilancio	Cyllideb
Carriera	Gyrfa
Costo	Cost
Datore di Lavoro	Cyflogwr
Dipendente	Cyflogai
Economia	Economeg
Fabbrica	Ffatri
Finanza	Cyllid
Investimento	Buddsoddiad
Merce	Nwyddau
Negozio	Siop
Profitto	Elw
Reddito	Incwm
Sconto	Disgownt
Società	Cwmni
Soldi	Arian
Tasse	Trethi
Transazione	Trafod
Ufficio	Swyddfa
Vendita	Gwerthu

Avventura
Antur

Amici	Ffrindiau
Attività	Gweithgaredd
Bellezza	Harddwch
Coraggio	Dewrder
Destinazione	Cyrchfan
Difficoltà	Anhawster
Entusiasmo	Brwdfrydedd
Escursione	Gwibdaith
Gioia	Llawenydd
Insolito	Anarferol
Itinerario	Amserlen
Natura	Natur
Navigazione	Llywio
Nuovo	Newydd
Opportunità	Cyfle
Pericoloso	Peryglus
Preparazione	Paratoi
Sfide	Heriau
Sicurezza	Diogelwch
Viaggi	Teithio

Balletto
Bale

Applauso	Cymeradwyaeth
Artistico	Artistig
Assolo	Unawd
Ballerini	Dawnswyr
Compositore	Cyfansoddwr
Coreografia	Coreograffi
Espressivo	Mynegiannol
Gesto	Ystum
Grazioso	Gosgeiddig
Intensità	Dwysedd
Lezioni	Gwersi
Muscoli	Cyhyrau
Musica	Cerddoriaeth
Orchestra	Cerddorfa
Pratica	Ymarfer
Pubblico	Gynulleidfa
Ritmo	Rhythm
Stile	Arddull
Tecnica	Techneg

Barbecue
Barbeciws

Caldo	Poeth
Cena	Cinio
Cibo	Bwyd
Cipolle	Syrthion
Coltelli	Cyllyll
Estate	Haf
Fame	Newyn
Famiglia	Teulu
Frutta	Ffrwyth
Giochi	Gemau
Griglia	Gril
Insalate	Saladau
Invito	Gwahoddiad
Musica	Cerddoriaeth
Pepe	Pupur
Pollo	Cyw lâr
Pomodori	Tomatos
Sale	Halen
Salsa	Saws
Verdure	Llysiau

Bellezza
Harddwch

Colore	Lliw
Cosmetici	Colur
Elegante	Cain
Eleganza	Ceinder
Fascino	Swyn
Forbici	Siswrn
Fotogenico	Ffotogenig
Fragranza	Fragrance
Grazia	Gras
Mascara	Mascara
Oli	Olewau
Pelle	Croen
Prodotti	Cynhyrchion
Profumo	Arogl
Riccioli	Curls
Rossetto	Minlliw
Servizi	Gwasanaethau
Shampoo	Siamp
Specchio	Drych
Stilista	Steilydd

Caffè
Coffi

Acido	Asidig
Acqua	Dŵr
Amaro	Chwerw
Aroma	Arogl
Arrostito	Rhost
Bevanda	Diod
Caffeina	Caffein
Crema	Hufen
Filtro	Hidlo
Gusto	Blas
Latte	Llaeth
Liquido	Hylif
Macinare	Malu
Mattina	Bore
Nero	Du
Origine	Tarddiad
Prezzo	Pris
Tazza	Cwpan
Varietà	Amrywiaeth
Zucchero	Siwgr

Campeggio
Gwersylla

Alberi	Coed
Amaca	Hammock
Animali	Anifeiliaid
Avventura	Antur
Bussola	Cwmpawd
Cabina	Caban
Caccia	Hela
Canoa	Canŵ
Cappello	Het
Corda	Rhaff
Divertimento	Hwyl
Foresta	Coedwig
Fuoco	Tân
Insetto	Pryfed
Lago	Llyn
Luna	Lleuad
Mappa	Map
Montagna	Mynydd
Natura	Natur
Tenda	Pabell

Casa
Tŷ

Attico	Atig
Biblioteca	Llyfrgell
Camera	Ystafell
Camino	Lle Tân
Cucina	Cegin
Doccia	Cawod
Finestra	Ffenestr
Garage	Garej
Giardino	Gardd
Lampada	Lamp
Parete	Wal
Pavimento	Llawr
Porta	Drws
Recinto	Ffens
Rubinetto	Faucet
Scopa	Banadl
Soffitto	Nenfwd
Specchio	Drych
Tappeto	Rug
Tetto	To

Chimica
Cemeg

Acido	Asid
Alcalino	Alcalïaidd
Atomico	Atomig
Calore	Gwres
Carbonio	Carbon
Catalizzatore	Catalydd
Cloro	Clorin
Elettrone	Electron
Enzima	Ensym
Gas	Nwy
Idrogeno	Hydrogen
Ione	Ion
Liquido	Hylif
Molecola	Moleciwl
Nucleare	Niwclear
Organico	Organig
Ossigeno	Ocsigen
Peso	Pwysau
Sale	Halen
Temperatura	Tymheredd

Cibo #1
Bwyd # 1

Aglio	Garlleg
Basilico	Basil
Cannella	Sinamon
Carne	Cig
Carota	Moron
Cipolla	Union
Fragola	Mefus
Insalata	Salad
Latte	Llaeth
Limone	Lemon
Menta	Bathdy
Orzo	Haidd
Pera	Gellyg
Rapa	Maip
Sale	Halen
Spinaci	Sbigoglys
Succo	Sudd
Tonno	Tiwna
Torta	Cacen
Zucchero	Siwgr

Cibo #2
Bwyd # 2

Banana	Banana
Broccolo	Brocoli
Ciliegia	Ceirios
Cioccolato	Siocled
Formaggio	Caws
Fungo	Madarch
Grano	Gwenith
Kiwi	Ciwi
Mela	Afal
Melanzana	Eggplant
Pane	Bara
Pesce	Pysgod
Pollo	Cyw Iâr
Pomodoro	Tomato
Prosciutto	Ham
Riso	Reis
Sedano	Seleri
Uovo	Wy
Uva	Grawnwin
Yogurt	Iogwrt

Cioccolato
Siocled

Amaro	Chwerw
Antiossidante	Gwrthocsidiol
Aroma	Arogl
Artigianale	Crefftwyr
Cacao	Cacao
Calorie	Galorïau
Caramella	Candy
Caramello	Caramel
Delizioso	Blasus
Dolce	Melys
Esotico	Egsotig
Gusto	Blas
Ingrediente	Cynhwysion
Noce di Cocco	Cnau Coco
Polvere	Powdr
Preferito	Hoff
Qualità	Ansawdd
Ricetta	Rysáit
Zucchero	Siwgr

Circo
Syrcas

Acrobata	Acrobat
Animali	Anifeiliaid
Biglietto	Tocyn
Caramella	Candy
Clown	Clown
Costume	Gwisgoedd
Elefante	Eliffant
Giocoliere	Siwglwr
Leone	Llew
Magia	Hud
Mago	Dewin
Musica	Cerddoriaeth
Palloncini	Balwnau
Parata	Rhodfa
Scimmia	Mwnci
Spettacolare	Ysblennydd
Spettatore	Gwyliwr
Tenda	Pabell
Tigre	Teigr
Trucco	Tric

Città
Y Dref

Aeroporto	Maes Awyr
Banca	Banc
Biblioteca	Llyfrgell
Cinema	Sinema
Clinica	Clinig
Farmacia	Fferyllfa
Fiorista	Siop Flodau
Galleria	Oriel
Hotel	Gwesty
Libreria	Siop Lyfrau
Mercato	Farchnad
Museo	Amgueddfa
Negozio	Siop
Panetteria	Becws
Scuola	Ysgol
Stadio	Stadiwm
Supermercato	Archfarchnad
Teatro	Theatr
Università	Prifysgol
Zoo	Sw

Corpo Umano
Corff Dynol

Bocca	Geg
Caviglia	Ffêr
Cervello	Ymennydd
Collo	Gwddf
Cuore	Galon
Dito	Bys
Faccia	Wyneb
Gamba	Coes
Ginocchio	Pen-Glin
Gomito	Penelin
Mano	Llaw
Mento	Ên
Naso	Trwyn
Occhio	Llygad
Orecchio	Clust
Pelle	Croen
Sangue	Gwaed
Spalla	Ysgwydd
Stomaco	Bola
Testa	Pen

Creatività
Creadigrwydd

Artistico	Artistig
Autenticità	Dilysrwydd
Chiarezza	Eglurder
Drammatico	Dramatig
Emozioni	Emosiynau
Espressione	Mynegiant
Fluidità	Hylifedd
Idee	Syniadau
Immaginazione	Dychymyg
Immagine	Delwedd
Impressione	Argraff
Intensità	Dwysedd
Intuizione	Greddf
Inventivo	Buddsoddi
Ispirazione	Ysbrydoliaeth
Sensazione	Teimlad
Sentimenti	Teimladau
Spontaneo	Digymell
Vitalità	Bywiogrwydd

Cucina
Cegin

Bacchette	Chopsticks
Bollitore	Tegell
Brocca	Jwg
Cibo	Bwyd
Ciotola	Bowl
Coltelli	Cyllyll
Congelatore	Rhewgell
Cucchiai	Llwyau
Forchette	Ffyrc
Forno	Popty
Frigorifero	Oergell
Grembiule	Ffedog
Griglia	Gril
Mestolo	Lletwad
Ricetta	Rysáit
Spezie	Sbeisys
Spugna	Noddi
Tazze	Cwpanau
Tovagliolo	Napcyn
Vaso	Jar

Danza

Dawns

Accademia	Academi
Arte	Celf
Classico	Clasurol
Compagno	Partner
Coreografia	Coreograffi
Corpo	Corff
Cultura	Diwylliant
Culturale	Diwylliannol
Emozione	Emosiwn
Espressivo	Mynegiannol
Gioioso	Llawen
Grazia	Gras
Movimento	Symudiad
Musica	Cerddoriaeth
Postura	Osgo
Prova	Ymarfer
Ritmo	Rhythm
Salto	Neidio
Tradizionale	Traddodiadol
Visivo	Gweledol

Diplomazia

Diplomyddiaeth

Ambasciatore	Llysgennad
Campagne	Ymgyrchoedd
Cittadini	Dinasyddion
Civico	Dinesig
Comunità	Cymuned
Conflitto	Gwrthdaro
Discussione	Trafodaeth
Etica	Moeseg
Giustizia	Cyfiawnder
Governo	Llywodraeth
Integrità	Uniondeb
Legale	Cyfreithiol
Lingue	Ieithoedd
Risoluzione	Datrys
Sicurezza	Diogelwch
Soluzione	Ateb
Straniero	Tramor
Trattato	Cytundeb
Umanitario	Dyngarol

Discipline Scientifiche

Ddisgyblaethau Gwyddonol

Anatomia	Anatomeg
Archeologia	Archaeoleg
Astronomia	Seryddiaeth
Biochimica	Biocemeg
Biologia	Bioleg
Botanica	Llysieueg
Chimica	Cemeg
Ecologia	Ecoleg
Fisiologia	Ffisioleg
Geologia	Daeareg
Immunologia	Imiwnoleg
Linguistica	Ieithyddiaeth
Meccanica	Mecaneg
Meteorologia	Meteoroleg
Mineralogia	Mwynglawdd
Neurologia	Niwroleg
Nutrizione	Maeth
Psicologia	Seicoleg
Sociologia	Cymdeithaseg
Zoologia	Milofyddiaeth

Ecologia

Ecoleg

Clima	Hinsawdd
Comunità	Cymunedau
Diversità	Amrywiaeth
Fauna	Ffawna
Flora	Flora
Globale	Byd-Eang
Habitat	Cynefin
Marino	Morol
Montagne	Mynyddoedd
Natura	Natur
Naturale	Naturiol
Palude	Gors
Piante	Planhigion
Risorse	Adnoddau
Siccità	Sychder
Sopravvivenza	Goroesi
Sostenibile	Cynaliadwy
Specie	Rhywogaethau
Vegetazione	Llystyfiant
Volontari	Gwirfoddolwyr

Edifici

Adeiladau

Appartamento	Fflat
Cabina	Caban
Castello	Castell
Cinema	Sinema
Fabbrica	Ffatri
Fattoria	Fferm
Fienile	Ysgubor
Hotel	Gwesty
Laboratorio	Labordy
Museo	Amgueddfa
Ospedale	Ysbyty
Osservatorio	Arsyllfa
Ostello	Hostel
Scuola	Ysgol
Stadio	Stadiwm
Supermercato	Archfarchnad
Teatro	Theatr
Tenda	Pabell
Torre	Twr
Università	Prifysgol

Elettricità

Trydan

Attrezzatura	Offer
Batteria	Batri
Cavo	Cebl
Conservazione	Storio
Elettricista	Trydanwr
Elettrico	Trydan
Fili	Gwifrau
Generatore	Generadur
Lampada	Lamp
Lampadina	Bwlb
Laser	Laser
Magnete	Magnet
Negativo	Negyddol
Oggetti	Gwrthrychau
Positivo	Cadarnhaol
Presa	Soced
Quantità	Maint
Rete	Rhwydwaith
Telefono	Ffôn
Televisione	Teledu

Emozioni
Emosiynau

Amore	Caru
Beatitudine	Wynfyd
Calma	Dawel
Contenuto	Cynnwys
Eccitato	Gyffrous
Gentilezza	Caredigrwydd
Gioia	Llawenydd
Grato	Diolchgar
Noia	Diflastod
Pace	Heddwch
Paura	Ofn
Rabbia	Dicter
Rilassato	Hamddenol
Rilievo	Rhyddhad
Simpatia	Cydymdeimlad
Soddisfatto	Fodlon
Sorpresa	Syndod
Tenerezza	Tynerwch
Tranquillità	Llonyddwch
Tristezza	Tristwch

Energia
Ynni

Ambiente	Amgylchedd
Batteria	Batri
Benzina	Gasoline
Calore	Gwres
Carbonio	Carbon
Carburante	Tanwydd
Diesel	Diesel
Elettrico	Trydan
Elettrone	Electron
Entropia	Entropi
Fotone	Ffoton
Idrogeno	Hydrogen
Industria	Diwydiant
Inquinamento	Llygredd
Motore	Modur
Nucleare	Niwclear
Rinnovabile	Adnewyddadwy
Turbina	Tyrbin
Vapore	Ager
Vento	Gwynt

Erboristeria
Llysieuol

Aglio	Garlleg
Aneto	Dil
Aromatico	Aromatig
Basilico	Basil
Culinario	Coginio
Dragoncello	Taragon
Finocchio	Ffenigl
Fiore	Blodyn
Giardino	Gardd
Ingrediente	Cynhwysion
Lavanda	Lafant
Maggiorana	Marjoram
Menta	Bathdy
Origano	Oregano
Prezzemolo	Persli
Qualità	Ansawdd
Rosmarino	Rhosmar
Timo	Teim
Verde	Gwyrdd
Zafferano	Saffrwm

Escursionismo
Heicio

Acqua	Dŵr
Animali	Anifeiliaid
Campeggio	Gwersylla
Clima	Hinsawdd
Guide	Canllawiau
Mappa	Map
Meteo	Tywydd
Montagna	Mynydd
Natura	Natur
Orientamento	Cyfeiriad
Parchi	Parciau
Pericoli	Peryglon
Pesante	Trwm
Pietre	Cerrig
Preparazione	Paratoi
Scogliera	Clogwyn
Selvaggio	Gwyllt
Sole	Haul
Stanco	Flinedig
Stivali	Esgidiau

Famiglia
Teulu

Antenato	Hynafiad
Bambini	Plant
Bambino	Plentyn
Cugino	Cefnder
Figlia	Merch
Fratello	Brawd
Gemelli	Efeilliaid
Infanzia	Plentyndod
Madre	Fam
Marito	Gŵr
Materno	Mamau
Moglie	Gwraig
Nipote	Nai
Nonna	Nain
Nonno	Taid
Padre	Tad
Paterno	Tadol
Sorella	Chwaer
Zia	Modryb
Zio	Ewythr

Fantascienza
Ffuglen Gwyddoniaeth

Atomico	Atomig
Cinema	Sinema
Distopia	Dystopia
Esplosione	Ffrwydrad
Estremo	Eithafol
Fantastico	Gwych
Fuoco	Tân
Futuristico	Dyfodolaidd
Galassia	Galaeth
Illusione	Rhith
Immaginario	Dychmygol
Libri	Llyfrau
Misterioso	Dirgel
Mondo	Byd
Oracolo	Oracle
Pianeta	Blaned
Realistico	Realistig
Robot	Robotiaid
Tecnologia	Technoleg
Utopia	Utopia

Fattoria #1

Fferm # 1

Acqua	Dŵr
Ape	Gwenyn
Asino	Asyn
Campo	Maes
Cane	Ci
Capra	Gafr
Cavallo	Ceffyl
Fertilizzante	Gwrtaith
Fieno	Gwair
Gatto	Cath
Gregge	Ddiadell
Maiale	Mochyn
Miele	Mêl
Mucca	Buwch
Pollo	Cyw Iâr
Recinto	Ffens
Riso	Reis
Semi	Hadau
Terra	Tir
Vitello	Llo

Fattoria #2

Fferm # 2

Agnello	Cig Oen
Agricoltore	Ffermwr
Anatra	Hwyaden
Animali	Anifeiliaid
Cibo	Bwyd
Fienile	Ysgubor
Frutta	Ffrwyth
Frutteto	Berllan
Grano	Gwenith
Irrigazione	Dyfrhau
Lama	Lama
Latte	Llaeth
Mais	Corn
Maturo	Aeddfed
Oche	Gwyddau
Orzo	Haidd
Pastore	Bugail
Pecora	Defaid
Prato	Dôl
Trattore	Tractor

Filantropia

Dyngarwch

Bambini	Plant
Bisogno	Angen
Carità	Elusen
Comunità	Cymuned
Contatti	Cysylltiadau
Finanza	Cyllid
Fondi	Cronfeydd
Generosità	Haelioni
Gioventù	Ieuenctid
Globale	Byd-Eang
Gruppi	Grwpiau
Missione	Cenhadaeth
Obiettivi	Nodau
Onestà	Gonestrwydd
Persone	Pobl
Programmi	Rhaglenni
Pubblico	Cyhoeddus
Sfide	Heriau
Storia	Hanes
Umanità	Dynoliaeth

Fisica

Ffiseg

Accelerazione	Cyflymiad
Atomo	Atom
Caos	Anhrefn
Chimico	Cemegol
Densità	Dwysedd
Elettrone	Electron
Espansione	Ehangu
Formula	Fformiwla
Frequenza	Amlder
Gas	Nwy
Gravità	Disgyrchiant
Magnetismo	Magneteg
Meccanica	Mecaneg
Molecola	Moleciwl
Motore	Peiriant
Nucleare	Niwclear
Particella	Gronynnau
Relatività	Ymlacio
Universale	Cyffredinol
Velocità	Cyflymder

Foresta Pluviale

Fforestydd Glaw

Anfibi	Amffibiaid
Botanico	Botanegol
Clima	Hinsawdd
Comunità	Cymuned
Diversità	Amrywiaeth
Giungla	Jyngl
Indigeno	Cynhenid
Insetti	Pryfed
Mammiferi	Mamaliaid
Muschio	Mwsogl
Natura	Natur
Nuvole	Cymylau
Preservazione	Cadwraeth
Prezioso	Gwerthfawr
Restauro	Adfer
Rifugio	Lloches
Rispetto	Parch
Sopravvivenza	Goroesi
Specie	Rhywogaethau
Uccelli	Adar

Forza e Gravità

Heddlu a Disgyrchiant

Asse	Echel
Attrito	Ffrithiant
Centro	Canol
Dinamico	Dynamig
Distanza	Pellter
Espansione	Ehangu
Fisica	Ffiseg
Impatto	Effaith
Magnetismo	Magneteg
Meccanica	Mecaneg
Movimento	Cynnig
Orbita	Orbit
Pianeti	Planedau
Pressione	Pwysau
Proprietà	Eiddo
Scoperta	Darganfyddiad
Slancio	Momentwm
Tempo	Amser
Universale	Cyffredinol
Velocità	Cyflymder

Fotografia
Ffotograffiaeth

Ammorbidire	Meddalu
Buio	Tywyllwch
Colore	Lliw
Composizione	Cyfansoddiad
Contrasto	Cyferbyniad
Cornice	Ffrâm
Definizione	Diffiniad
Esposizione	Arddangosfa
Formato	Fformat
Illuminazione	Goleuadau
Nero	Du
Oggetto	Gwrthrych
Ombre	Cysgodion
Prospettiva	Safbwynt
Ritratto	Portread
Soggetto	Pwnc
Telecamera	Camera
Trama	Gwead
Visivo	Gweledol

Frutta
Ffrwythau

Albicocca	Bricyll
Arancia	Oren
Avocado	Afocado
Bacca	Aeron
Banana	Banana
Ciliegia	Ceirios
Fico	Ffig
Kiwi	Ciwi
Lampone	Mafon
Limone	Lemon
Mango	Mango
Mela	Afal
Melone	Melon
Mora	Blackberry
Nettarina	Nectarine
Papaia	Papaia
Pera	Gellyg
Pesca	Peach
Prugna	Eirin
Uva	Grawnwin

Geografia
Daearyddiaeth

Altitudine	Uchder
Atlante	Atlas
Città	Dinas
Continente	Cyfandir
Emisfero	Hemisffer
Fiume	Afon
Isola	Ynys
Latitudine	Lledred
Longitudine	Hydred
Mappa	Map
Mare	Môr
Meridiano	Meridian
Mondo	Byd
Montagna	Mynydd
Nord	Gogledd
Ovest	Gorllewin
Paese	Gwlad
Regione	Rhanbarth
Sud	De
Territorio	Tiriogaeth

Geologia
Daeareg

Acido	Asid
Altopiano	Gwastad
Calcio	Calsiwm
Caverna	Ogof
Continente	Cyfandir
Corallo	Cwrel
Cristalli	Crisialau
Fossile	Ffosil
Geyser	Geyser
Lava	Lafa
Minerali	Mwynau
Pietra	Carreg
Quarzo	Cwarts
Sale	Halen
Stalagmiti	Stalagmidau
Stalattite	Stalactite
Strato	Haen
Terremoto	Daeargryn
Vulcano	Llosgfynydd
Zona	Parth

Geometria
Geometreg

Altezza	Uchder
Angolo	Ongl
Calcolo	Cyfrifiad
Cerchio	Cylch
Curva	Gromlin
Diametro	Diamedr
Dimensione	Dimensiwn
Equazione	Hafaliad
Logica	Rhesymeg
Mediano	Canolrif
Numero	Rhif
Orizzontale	Llorweddol
Parallelo	Cyfochrog
Proporzione	Cyfran
Segmento	Segment
Simmetria	Cymesuredd
Superficie	Wyneb
Teoria	Theori
Triangolo	Triongl
Verticale	Fertigol

Giardinaggio
Garddio

Acqua	Dŵr
Botanico	Botanegol
Clima	Hinsawdd
Commestibile	Bwytadwy
Compost	Compost
Contenitore	Cynhwysydd
Esotico	Egsotig
Fiorire	Blodyn
Floreale	Blodau
Fogliame	Dail
Frutteto	Berllan
Mazzo	Tusw
Semi	Hadau
Specie	Rhywogaethau
Sporco	Baw
Stagionale	Tymhorol
Suolo	Pridd
Tubo	Pibell
Umidità	Lleithder

Giardino
Gardd

Albero	Coed
Amaca	Hammock
Cespuglio	Llwyn
Erba	Glaswellt
Erbacce	Chwyn
Fiore	Blodyn
Garage	Garej
Giardino	Gardd
Pala	Rhaw
Panca	Mainc
Portico	Cyntedd
Prato	Lawnt
Rastrello	Rhaca
Recinto	Ffens
Stagno	Pwll
Suolo	Pridd
Terrazza	Teras
Trampolino	Trampolîn
Tubo	Pibell
Vite	Winwydd

Giorni e Mesi
Diwrnodau a Misoedd

Agosto	Awst
Anno	Blwyddyn
Aprile	Ebrill
Calendario	Calendr
Dicembre	Rhagfyr
Domenica	Dydd Sul
Febbraio	Chwefror
Gennaio	Ionawr
Giugno	Mehefin
Luglio	Gorffennaf
Lunedì	Dydd Llun
Martedì	Dydd Mawrth
Mercoledì	Dydd Mercher
Mese	Mis
Novembre	Tachwedd
Ottobre	Hydref
Sabato	Dydd Sadwrn
Settembre	Medi
Settimana	Wythnos
Venerdì	Dydd Gwener

Governo
Llywodraeth

Capo	Arweinydd
Cittadinanza	Dinasyddiaeth
Civile	Sifil
Costituzione	Cyfansoddiad
Democrazia	Democratiaeth
Discorso	Araith
Discussione	Trafodaeth
Giudiziario	Barnwrol
Giustizia	Cyfiawnder
Indipendenza	Annibyniaeth
Legale	Cyfreithiol
Legge	Cyfraith
Libertà	Rhyddid
Monumento	Heneb
Nazionale	Cenedlaethol
Nazione	Cenedl
Quartiere	Ardal
Simbolo	Symbol
Stato	Wladwriaeth
Uguaglianza	Cydraddoldeb

Guida
Gyrru

Auto	Car
Autobus	Bws
Carburante	Tanwydd
Freni	Breciau
Garage	Garej
Gas	Nwy
Incidente	Damwain
Licenza	Trwydded
Mappa	Map
Moto	Beic Modur
Motore	Modur
Pedonale	Cerddwyr
Pericolo	Perygl
Polizia	Heddlu
Sicurezza	Diogelwch
Strada	Ffordd
Traffico	Traffig
Trasporto	Cludiant
Tunnel	Twnnel
Velocità	Cyflymder

I Media
Y Cyfryngau

Atteggiamenti	Agweddau
Commerciale	Masnachol
Comunicazione	Cyfathrebu
Digitale	Digidol
Edizione	Argraffiad
Educazione	Addysg
Fatti	Ffeithiau
Finanziamento	Cyllid
Foto	Lluniau
Individuale	Unigol
Industria	Diwydiant
Intellettuale	Deallusol
Locale	Lleol
Online	Ar-Lein
Opinione	Barn
Pubblicità	Hysbysebion
Pubblico	Cyhoeddus
Radio	Radio
Rete	Rhwydwaith
Televisione	Teledu

Imbarcazioni
Cychod

Albero	Mwyaf
Ancora	Angor
Barca a Vela	Cwch Hwylio
Boa	Prynu
Canoa	Canŵ
Corda	Rhaff
Equipaggio	Criw
Fiume	Afon
Kayak	Caiac
Lago	Llyn
Mare	Môr
Marea	Llanw
Marinaio	Morwr
Motore	Peiriant
Nautico	Morwrol
Oceano	Cefnfor
Onde	Tonnau
Traghetto	Fferi
Yacht	Hwylio
Zattera	Llu

Ingegneria
Peirianneg

Angolo	Ongl
Asse	Echel
Calcolo	Cyfrifiad
Costruzione	Adeiladu
Diagramma	Diagram
Diametro	Diamedr
Diesel	Diesel
Dimensioni	Dimensiynau
Distribuzione	Dosbarthu
Energia	Ynni
Forza	Cryfder
Liquido	Hylif
Macchina	Peiriant
Misurazione	Mesur
Motore	Modur
Movimento	Cynnig
Profondità	Dyfnder
Rotazione	Cylchdro
Stabilità	Sefydlogrwydd
Struttura	Strwythur

Jazz
Jazz

Album	Albwm
Applauso	Cymeradwyaeth
Artista	Artist
Canzone	Cân
Compositore	Cyfansoddwr
Composizione	Cyfansoddiad
Concerto	Cyngerdd
Enfasi	Pwyslais
Famoso	Enwog
Genere	Genre
Improvvisazione	Byrfyfyr
Musica	Cerddoriaeth
Nuovo	Newydd
Orchestra	Cerddorfa
Preferiti	Ffefrynnau
Ritmo	Rhythm
Stile	Arddull
Talento	Talent
Tecnica	Techneg
Vecchio	Hen

L'Azienda
Y Cwmni

Creativo	Creadigol
Decisione	Penderfyniad
Globale	Byd-Eang
Industria	Diwydiant
Innovativo	Arloesol
Investimento	Buddsoddiad
Occupazione	Cyflogaeth
Possibilità	Posibilrwydd
Presentazione	Cyflwyniad
Prodotto	Cynnyrch
Professionale	Proffesiynol
Progresso	Cynnydd
Qualità	Ansawdd
Reddito	Refeniw
Reputazione	Enw Da
Rischi	Risgiau
Risorse	Adnoddau
Salari	Cyflogau
Tendenze	Tueddiadau
Unità	Unedau

Letteratura
Llenyddiaeth

Analisi	Dadansoddiad
Analogia	Cyfatebiaeth
Aneddoto	Chwedl
Autore	Awdur
Biografia	Bywgraffiad
Conclusione	Casgliad
Confronto	Cymhariaeth
Descrizione	Disgrifiad
Dialogo	Deialog
Genere	Genre
Metafora	Trosiad
Opinione	Barn
Poesia	Cerdd
Poetico	Barddonol
Rima	Odl
Ritmo	Rhythm
Romanzo	Nofel
Stile	Arddull
Tema	Thema
Tragedia	Drychineb

Libri
Llyfrau

Autore	Awdur
Avventura	Antur
Collezione	Casgliad
Contesto	Cyd-Destun
Dualità	Deuoliaeth
Epico	Epig
Inventivo	Buddsoddi
Letterario	Llenyddol
Lettore	Darllenydd
Narratore	Adroddwr
Pagina	Tudalen
Poesia	Barddoniaeth
Rilevante	Perthnasol
Romanzo	Nofel
Scritto	Ysgrifenedig
Serie	Cyfres
Storia	Stori
Storico	Hanesyddol
Tragico	Trasig
Umoristico	Doniol

Mammiferi
Mamaliaid

Balena	Morfil
Cane	Ci
Canguro	Kangaroo
Cavallo	Ceffyl
Cervo	Ceirw
Coniglio	Cwningen
Coyote	Coyote
Delfino	Dolffin
Elefante	Eliffant
Gatto	Cath
Giraffa	Jiraff
Gorilla	Gorila
Leone	Llew
Lupo	Blaidd
Orso	Arth
Pecora	Defaid
Scimmia	Mwnci
Toro	Tarw
Volpe	Llwynog
Zebra	Sebra

Matematica
Mathemateg

Angoli	Onglau
Aritmetica	Rhifyddeg
Circonferenza	Cylchedd
Decimale	Degol
Diametro	Diamedr
Equazione	Hafaliad
Frazione	Ffracsiwn
Geometria	Geometreg
Parallelo	Cyfochrog
Parallelogramma	Paralelogram
Perimetro	Amfesur
Perpendicolare	Berpendicwlar
Poligono	Polygon
Quadrato	Sgwâr
Raggio	Radiws
Rettangolo	Petryal
Simmetria	Cymesuredd
Somma	Swm
Triangolo	Triongl
Volume	Cyfrol

Meditazione
Myfyrdod

Accettazione	Derbyn
Attenzione	Sylw
Calma	Dawel
Chiarezza	Eglurder
Compassione	Tosturi
Emozioni	Emosiynau
Felicità	Hapusrwydd
Gentilezza	Caredigrwydd
Gratitudine	Diolchgarwch
Mentale	Meddyliol
Mente	Meddwl
Movimento	Symudiad
Musica	Cerddoriaeth
Natura	Natur
Pace	Heddwch
Pensieri	Meddyliau
Postura	Osgo
Prospettiva	Safbwynt
Respirazione	Anadlu
Silenzio	Distawrwydd

Meteo
Tywydd

Arcobaleno	Enfys
Asciutto	Sych
Atmosfera	Awyrgylch
Brezza	Awel
Cielo	Awyr
Clima	Hinsawdd
Fulmine	Mellt
Ghiaccio	Iâ
Monsone	Monsŵn
Nebbia	Niwl
Nube	Cwmwl
Polare	Polar
Siccità	Sychder
Temperatura	Tymheredd
Tempesta	Storm
Tornado	Tornado
Tropicale	Trofannol
Tuono	Taranau
Uragano	Corwynt
Vento	Gwynt

Misurazioni
Mesuriadau

Altezza	Uchder
Byte	Beit
Centimetro	Canolfan
Chilogrammo	Cilogram
Decimale	Degol
Grado	Gradd
Grammo	Gram
Larghezza	Lled
Litro	Litr
Lunghezza	Hyd
Massa	Màs
Metro	Mesurydd
Minuto	Munud
Oncia	Owns
Peso	Pwysau
Pinta	Peint
Pollice	Modfedd
Profondità	Dyfnder
Tonnellata	Tunnell
Volume	Cyfrol

Mitologia
Mytholeg

Comportamento	Ymddygiad
Creatura	Creadur
Creazione	Creu
Credenze	Credoau
Cultura	Diwylliant
Disastro	Trychineb
Divinità	Duwiau
Eroe	Arwr
Forza	Cryfder
Fulmine	Mellt
Gelosia	Cenfigen
Guerriero	Rhyfelwr
Immortalità	Anfarwoldeb
Labirinto	Labyrinth
Leggenda	Chwedl
Magico	Hudol
Mortale	Marwol
Mostro	Anghenfil
Tuono	Meddwl
Vendetta	Dial

Moda
Ffasiwn

Abbigliamento	Dillad
Boutique	Boutique
Caro	Drud
Confortevole	Cyfforddus
Elegante	Cain
Minimalista	Lleiaf
Misure	Mesuriadau
Modello	Patrwm
Moderno	Modern
Modesto	Cymedrol
Originale	Gwreiddiol
Pizzo	Lace
Pratico	Ymarferol
Pulsanti	Botymau
Ricamo	Brodwaith
Semplice	Syml
Stile	Arddull
Tendenza	Tuedd
Trama	Gwead

Musica
Cerddoriaeth

Album	Albwm
Armonia	Harmoni
Armonico	Harmonig
Ballata	Baled
Cantante	Canwr
Cantare	Canu
Classico	Clasurol
Coro	Corws
Lirico	Telynegol
Melodia	Alaw
Microfono	Meicroffon
Musicale	Cerddorol
Musicista	Cerddor
Opera	Opera
Poetico	Barddonol
Registrazione	Cofnodi
Ritmico	Rhythmig
Ritmo	Rhythm
Strumento	Offeryn
Vocale	Lleisiol

Natura
Natur

Animali	Anifeiliaid
Api	Gwenyn
Artico	Arctig
Bellezza	Harddwch
Deserto	Anialwch
Dinamico	Dynamig
Fiume	Afon
Fogliame	Dail
Foresta	Coedwig
Ghiacciaio	Rhewlif
Montagne	Mynyddoedd
Nebbia	Niwl
Nuvole	Cymylau
Santuario	Cysegr
Scogliere	Clogwyni
Selvaggio	Gwyllt
Sereno	Tawel
Tropicale	Trofannol
Vitale	Hanfodol

Numeri
Rhifau

Cinque	Pump
Decimale	Degol
Diciotto	Deunaw
Dieci	Deg
Dodici	Deuddeg
Due	Dau
Matematica	Math
Nove	Naw
Otto	Wyth
Quattro	Pedwar
Quindici	Pymtheg
Sedici	Un ar Bymtheg
Sei	Chwech
Sette	Saith
Tre	Tri
Tredici	Tri ar Ddeg
Uno	Un
Venti	Ugain
Zero	Sero

Nutrizione
Maeth

Amaro	Chwerw
Appetito	Archwaeth
Bilanciato	Cytbwys
Calorie	Galorïau
Carboidrati	Carbohydradau
Commestibile	Bwytadwy
Dieta	Deiet
Digestione	Treuliad
Fermentazione	Eplesu
Liquidi	Hylifau
Nutriente	Maeth
Peso	Pwysau
Proteine	Proteinau
Qualità	Ansawdd
Salsa	Saws
Salute	Iechyd
Sano	Iach
Spezie	Sbeisys
Tossina	Gwenwyn
Vitamina	Fitamin

Oceano
Cefnfor

Alghe	Algâu
Anguilla	Llysywod
Balena	Morfil
Barca	Cwch
Corallo	Cwrel
Delfino	Dolffin
Gamberetto	Berdys
Granchio	Cranc
Maree	Llanw
Medusa	Sglefrod Môr
Onde	Tonnau
Ostrica	Wystrys
Pesce	Pysgod
Polpo	Octopws
Sale	Halen
Spugna	Noddi
Squalo	Siarc
Tartaruga	Crwban
Tempesta	Storm
Tonno	Tiwna

Paesaggi
Tirweddau

Cascata	Rhaeadr
Collina	Bryn
Deserto	Anialwch
Fiume	Afon
Geyser	Geyser
Ghiacciaio	Rhewlif
Grotta	Ogof
Iceberg	Mynydd Iâ
Isola	Ynys
Lago	Llyn
Mare	Môr
Montagna	Mynydd
Oasi	Werddon
Oceano	Cefnfor
Palude	Gors
Penisola	Penrhyn
Spiaggia	Traeth
Tundra	Tundra
Valle	Dyffryn
Vulcano	Llosgfynydd

Paesi #1

Gwledydd # 1

Brasile	Brasil
Cambogia	Cambodia
Canada	Canada
Egitto	Yr Aifft
Finlandia	Ffindir
Germania	Yr Almaen
India	India
Iraq	Irac
Israele	Israel
Libia	Libya
Mali	Mali
Marocco	Moroco
Norvegia	Norwy
Panama	Panama
Polonia	Gwlad Pwyl
Romania	Romania
Senegal	Senegal
Spagna	Sbaen
Venezuela	Venezuela
Vietnam	Fietnam

Paesi #2

Gwledydd # 2

Albania	Albania
Danimarca	Denmarc
Etiopia	Ethiopia
Giamaica	Jamaica
Giappone	Japan
Grecia	Gwlad Groeg
Haiti	Haiti
Indonesia	Indonesia
Irlanda	Iwerddon
Laos	Laos
Liberia	Liberia
Messico	Mecsico
Nepal	Nepal
Nigeria	Nigeria
Pakistan	Pakistan
Russia	Rwsia
Siria	Syria
Sudan	Sudan
Ucraina	Wcráin
Uganda	Uganda

Pesca

Pysgota

Acqua	Dŵr
Attrezzatura	Offer
Barca	Cwch
Branchie	Tagellau
Cesto	Basged
Cucinare	Coginio
Esagerazione	Esboniad
Esca	Abwyd
Filo	Gwifren
Fiume	Afon
Gancio	Bachyn
Lago	Llyn
Mascella	Ên
Oceano	Cefnfor
Pazienza	Amynedd
Peso	Pwysau
Pinne	Esgyll
Spiaggia	Traeth
Stagione	Tymor

Piante

Planhigion

Albero	Coed
Bacca	Aeron
Bambù	Bambŵ
Botanica	Llysieueg
Cactus	Cactus
Cespuglio	Llwyn
Crescere	Tyfu
Edera	Eiddew
Erba	Glaswellt
Fagiolo	Ffa
Fertilizzante	Gwrtaith
Fiore	Blodyn
Flora	Flora
Fogliame	Dail
Foresta	Coedwig
Giardino	Gardd
Muschio	Mwsogl
Petalo	Petal
Radice	Gwraidd
Vegetazione	Llystyfiant

Professioni #1

Proffesiynau # 1

Allenatore	Hyfforddwr
Ambasciatore	Llysgennad
Artista	Artist
Astronomo	Serydd wr
Avvocato	Cyfreithiwr
Ballerino	Dawnsiwr
Banchiere	Banciwr
Cacciatore	Helwyr
Cartografo	Cartographer
Editore	Golygydd
Farmacista	Fferyllydd
Geologo	Daearegwr
Gioielliere	Gemydd
Idraulico	Plymwr
Infermiera	Nyrs
Musicista	Cerddor
Pianista	Pianydd
Psicologo	Seicolegydd
Scienziato	Gwyddonydd
Veterinario	Milfeddyg

Professioni #2

Proffesiynau # 2

Agricoltore	Ffermwr
Astronauta	Gofodwr
Bibliotecario	Llyfrgellydd
Biologo	Biolegydd
Chirurgo	Llawfeddyg
Dentista	Deintydd
Detective	Ditectif
Filosofo	Athronydd
Fotografo	Ffotograffydd
Giardiniere	Garddwr
Giornalista	Newyddiadurwr
Illustratore	Darlunydd
Ingegnere	Peiriannydd
Insegnante	Athro
Inventore	Dyfeisiwr
Linguista	Ieithydd
Medico	Meddyg
Pilota	Peilot
Pittore	Peintiwr
Ricercatore	Ymchwilydd

Psicologia
Seicoleg

Clinico	Clinigol
Cognizione	Gwybyddiaeth
Comportamento	Ymddygiad
Conflitto	Gwrthdaro
Ego	Ego
Emozioni	Emosiynau
Esperienze	Profiadau
Idee	Syniadau
Inconscio	Anymwybodol
Infanzia	Plentyndod
Influenze	Dylanwadau
Pensieri	Meddyliau
Percezione	Canfyddiad
Personalità	Personoliaeth
Problema	Broblem
Realtà	Realiti
Sensazione	Teimlad
Sogni	Breuddwydion
Terapia	Therapi
Valutazione	Asesiad

Ristorante #1
Bwyty # 1

Allergia	Alergedd
Caffè	Coffi
Cameriera	Gweinyddes
Carne	Cig
Cassiere	Arian
Cibo	Bwyd
Ciotola	Bowl
Coltello	Cyllell
Cucina	Cegin
Dessert	Pwdin
Ingredienti	Cynhwysion
Menù	Dewislen
Pane	Bara
Piatto	Plât
Piccante	Sbeislyd
Pollo	Cyw Iâr
Prenotazione	Llain
Salsa	Saws
Tovagliolo	Napcyn

Salute e Benessere #1
Iechyd a Lles # 1

Abitudine	Arfer
Altezza	Uchder
Attivo	Gweithredol
Batteri	Bacteria
Clinica	Clinig
Fame	Newyn
Farmacia	Fferyllfa
Frattura	Twyll
Medicina	Meddygaeth
Medico	Meddyg
Muscoli	Cyhyrau
Nervi	Nerfau
Ormoni	Hormonau
Ossa	Esgyrn
Pelle	Croen
Postura	Osgo
Riflesso	Atgyrch
Rilassamento	Ymlacio
Terapia	Therapi
Trattamento	Triniaeth

Salute e Benessere #2
Iechyd a Lles # 2

Allergia	Alergedd
Anatomia	Anatomeg
Appetito	Archwaeth
Caloria	Calori
Corpo	Corff
Dieta	Deiet
Digestione	Treuliad
Disidratazione	Diffyg
Energia	Ynni
Genetica	Geneteg
Igiene	Hylendid
Infezione	Haint
Malattia	Clefyd
Massaggio	Tylino
Nutrizione	Maeth
Ospedale	Ysbyty
Peso	Pwysau
Sangue	Gwaed
Sano	Iach
Vitamina	Fitamin

Scacchi
Gwyddbwyll

Avversario	Gwrthwynebydd
Bianco	Gwyn
Campione	Pencampwr
Concorso	Gystadleuaeth
Diagonale	Lletraws
Giocatore	Chwaraewr
Gioco	Gêm
Nero	Du
Passivo	Goddefol
Per Imparare	I Ddysgu
Punti	Pwyntiau
Re	Brenin
Regina	Brenhines
Regole	Rheolau
Sacrificio	Aberth
Sfide	Heriau
Strategia	Strategaeth
Tempo	Amser
Torneo	Twrnamaint

Scienza
Gwyddoniaeth

Atomo	Atom
Chimico	Cemegol
Clima	Hinsawdd
Dati	Data
Esperimento	Arbrawf
Evoluzione	Esblygiad
Fatto	Ffaith
Fisica	Ffiseg
Fossile	Ffosil
Gravità	Disgyrchiant
Ipotesi	Ddamcaniaeth
Laboratorio	Labordy
Metodo	Dull
Minerali	Mwynau
Molecole	Moleciwlau
Natura	Natur
Organismo	Organeb
Particelle	Gronynnau
Piante	Planhigion
Scienziato	Gwyddonydd

Spezie
Sbeisys

Aglio	Garlleg
Amaro	Chwerw
Anice	Anise
Cannella	Sinamon
Cardamomo	Cardamom
Cipolla	Union
Coriandolo	Coriander
Cumino	Cwmin
Curcuma	Tyrmerig
Curry	Cyri
Dolce	Melys
Finocchio	Ffenigl
Liquirizia	Licorice
Noce Moscata	Nytmeg
Paprika	Paprika
Pepe	Pupur
Sale	Halen
Vaniglia	Fanila
Zafferano	Saffrwm
Zenzero	Sinsir

Sport
Chwaraeon

Allenatore	Hyfforddwr
Atleta	Mabolgampwr
Capacità	Gallu
Ciclismo	Beicio
Corpo	Corff
Danza	Dawnsio
Dieta	Deiet
Forza	Cryfder
Jogging	Loncian
Massimizzare	Wneud y Gorau
Metabolico	Metabolig
Muscoli	Cyhyrau
Nuotare	I Nofio
Nutrizione	Maeth
Obiettivo	Nod
Ossa	Esgyrn
Programma	Rhaglen
Resistenza	Dygnwch
Salute	Iechyd
Sportivo	Chwaraeon

Tempo
Amser

Anno	Blwyddyn
Annuale	Blynyddol
Calendario	Calendr
Decennio	Degawd
Dopo	Ar Ôl
Futuro	Dyfodol
Giorno	Dydd
Ieri	Ddoe
Mattina	Bore
Mese	Mis
Mezzogiorno	Hanner Dydd
Minuto	Munud
Notte	Nos
Oggi	Heddiw
Ora	Awr
Orologio	Cloc
Presto	Yn Fuan
Prima	Cyn
Secolo	Canrif
Settimana	Wythnos

Tipi di Capelli
Mathau o Wallt

Argento	Arian
Asciutto	Sych
Bianco	Gwyn
Biondo	Blond
Breve	Byr
Calvo	Moel
Colorato	Lliw
Grigio	Llwyd
Intrecciato	Plethedig
Liscio	Llyfn
Lungo	Hir
Marrone	Brown
Morbido	Meddal
Nero	Du
Riccio	Cyrliog
Riccioli	Curls
Sano	Iach
Sottile	Tenau
Spessore	Trwchus
Trecce	Blethi

Uccelli
Adar

Airone	Crëyr
Anatra	Hwyaden
Aquila	Eryr
Cicogna	Ciconia
Cigno	Alarch
Colomba	Colomen
Cuculo	Gog
Fenicottero	Fflamingo
Gabbiano	Gwylan
Oca	Gŵydd
Pappagallo	Parot
Passero	Aderyn
Pavone	Paun
Pellicano	Pelican
Piccione	Colomennod
Pinguino	Pengwin
Pollo	Cyw Iâr
Struzzo	Estrys
Tucano	Twcan
Uovo	Wy

Universo
Bydysawd

Asteroide	Asteroid
Astronomia	Seryddiaeth
Astronomo	Seryddwr
Atmosfera	Awyrgylch
Buio	Tywyllwch
Celeste	Nefol
Cielo	Awyr
Cosmico	Cosmig
Emisfero	Hemisffer
Galassia	Galaeth
Latitudine	Lledred
Longitudine	Hydred
Luna	Lleuad
Orbita	Orbit
Orizzonte	Gorwel
Solare	Solar
Solstizio	Ateb
Telescopio	Telesgop
Visibile	Gweladwy
Zodiaco	Sidydd

Vacanze #2
Yn Ystod y Gwyliau #2

Aeroporto	Maes Awyr
Campeggio	Gwersylla
Destinazione	Cyrchfan
Foto	Lluniau
Hotel	Gwesty
Isola	Ynys
Mappa	Map
Mare	Môr
Passaporto	Pasbort
Ristorante	Bwyty
Spiaggia	Traeth
Straniero	Estron
Taxi	Tacsi
Tempo Libero	Hamdden
Tenda	Pabell
Trasporto	Cludiant
Treno	Trên
Vacanza	Gwyliau
Viaggio	Taith
Visto	Fisa

Veicoli
Cerbydau

Aereo	Awyren
Ambulanza	Ambiwlans
Auto	Car
Autobus	Bws
Barca	Cwch
Bicicletta	Beic
Camion	Lori
Caravan	Carafan
Elicottero	Hofrennydd
Metropolitana	Isffordd
Motore	Modur
Pneumatici	Tirion
Razzo	Roced
Scooter	Sgwter
Sottomarino	Llong Danfor
Taxi	Tacsi
Traghetto	Fferi
Trattore	Tractor
Treno	Trên
Zattera	Llu

Verdure
Llysiau

Aglio	Garlleg
Broccolo	Brocoli
Carciofo	Artisiog
Carota	Moron
Cetriolo	Ciwcymbr
Cipolla	Union
Fungo	Madarch
Insalata	Salad
Melanzana	Eggplant
Oliva	Olewydd
Patata	Tatws
Pisello	Pys
Pomodoro	Tomato
Prezzemolo	Persli
Rapa	Maip
Ravanello	Radish
Sedano	Seleri
Spinaci	Sbigoglys
Zenzero	Sinsir
Zucca	Pwmpen

Vestiti
Dillad

Abito	Gwisg
Braccialetto	Breichled
Camicetta	Blows
Camicia	Crys
Cappello	Het
Cappotto	Côt
Cintura	Gwregys
Collana	Adnabod
Giacca	Siaced
Gonna	Sgert
Grembiule	Ffedog
Guanti	Menig
Jeans	Jîns
Maglione	Chwyswr
Moda	Ffasiwn
Pantaloni	Pants
Pigiama	Pyjamas
Sandali	Sandalau
Scarpa	Esgid
Sciarpa	Sgarff

Congratulazioni

Ce l'hai fatta!

Speriamo che questo libro vi sia piaciuto tanto quanto a noi è piaciuto concepirlo. Ci sforziamo di creare libri della più alta qualità possibile.
Questa edizione è progettata per fornire un apprendimento intelligente, di qualità e divertente!

Le è piaciuto questo libro?

Una Semplice Richiesta

Questi libri esistono grazie alle recensioni che pubblicate.

Puoi aiutarci lasciando una recensione
ora a questo link ?

BestBooksActivity.com/Recensioni50

SFIDA FINALE!

Sfida n°1

Sei pronto per il tuo gioco gratuito? Li usiamo sempre, ma non sono così facili da trovare - ecco i Sinonimi!
Scrivi 5 parole che hai trovato nei puzzle (n° 21, n° 36, n° 76) e prova a trovare 2 sinonimi per ogni parola.

*Scrivi 5 parole del **Puzzle 21***

Parole	Sinonimo 1	Sinonimo 2

*Scrivi 5 parole del **Puzzle 36***

Parole	Sinonimo 1	Sinonimo 2

*Scrivi 5 parole del **Puzzle 76***

Parole	Sinonimo 1	Sinonimo 2

Sfida n°2

Ora che ti sei riscaldato, scrivi 5 parole che hai trovato nei puzzle n° 9, n° 17 e n° 25 e cerca di trovare 2 contrari per ogni parola. Quanti ne puoi trovare in 20 minuti?

Scrivi 5 parole del ***Puzzle 9***

Parole	Antonimo 1	Antonimo 2

Scrivi 5 parole del ***Puzzle 17***

Parole	Antonimo 1	Antonimo 2

Scrivi 5 parole del ***Puzzle 25***

Parole	Antonimo 1	Antonimo 2

Sfida n°3

Grande! Questa sfida  non è niente per te!

Pronto per la sfida finale? Scegli 10 parole che hai scoperto nei diversi puzzle e scrivile qui sotto.

1.	6.
2.	7.
3.	8.
4.	9.
5.	10.

Ora scrivi un testo pensando a una persona, un animale o un luogo che ti piace.

Puoi usare l'ultima pagina di questo libro come bozza.

La tua composizione:

TACCUINO:

A PRESTO!

Tutta la Squadra

www.ingramcontent.com/pod-product-compliance
Lightning Source LLC
Chambersburg PA
CBHW082045120626
46553CB00011B/3299
* 9 7 9 8 8 9 6 7 0 6 4 7 2 *